特色学校聚焦丛书　丛书主编　杨四耕

自信教育与个性生长

汤　林 等◎著

华东师范大学出版社
·上海·

图书在版编目(CIP)数据

自信教育与个性生长/汤林等著.—上海:华东师范大学
出版社,2023
(特色学校聚焦丛书)
ISBN 978 - 7 - 5760 - 3847 - 7

Ⅰ.①自…　Ⅱ.①汤…　Ⅲ.①初中−教育管理−研究
Ⅳ.①G637

中国国家版本馆 CIP 数据核字(2023)第 082674 号

特色学校聚焦丛书

自信教育与个性生长

丛书主编　杨四耕
著　者　汤 林 等
责任编辑　刘 佳
特约审读　王叶梅
责任校对　邱红穗　时东明
装帧设计　卢晓红

出版发行　华东师范大学出版社
社　　址　上海市中山北路 3663 号　邮编 200062
网　　址　www.ecnupress.com.cn
电　　话　021 - 60821666　行政传真 021 - 62572105
客服电话　021 - 62865537　门市(邮购)电话 021 - 62869887
地　　址　上海市中山北路 3663 号华东师范大学校内先锋路口
网　　店　http://hdsdcbs.tmall.com

印 刷 者　上海龙腾印务有限公司
开　　本　787 毫米×1092 毫米　1/16
印　　张　15.75
字　　数　148 千字
版　　次　2023 年 8 月第 1 版
印　　次　2023 年 8 月第 1 次
书　　号　ISBN 978 - 7 - 5760 - 3847 - 7
定　　价　52.00 元

出 版 人　王 焰

好学校的性格色彩

这些年,我与中小学、幼儿园有许多"亲密接触"。从这些学校中,我发现了一个"秘密":好学校总有自己的性格色彩,总有自己的精神属性。

好学校有丰富的颜色

好学校一年四季都有风景。春天,你走进它,有各色花儿,红的像火,粉的像霞,白的像雪。夏天,你置身其中,绿草茵茵,就算骄阳似火,也有阴凉。孩子们可以踢球、打滚,可以任性。秋天,你老远就可以看到,枫叶红了,橘子黄了,婀娜多姿。冬天,你靠近它,香樟绿环绕着你,垂柳枝笼罩着你,你不会觉得单调。当然,环境的价值不在于"装扮",而在于让心灵沉静,让生命多彩。它是生命哲学的演化,是内心深处的讴歌与赞美。法国思想家卢梭说教育的核心是"归于自然"——回归"自然状态",回归人之原始倾向。善良总存在于纯洁的自然之中。好学校总是拥有自然的纯净与原始美,它努力让孩子们与美好相遇。静谧,美好——好学校是温润的。

好学校有足够的成色

　　成色是衡量一所学校教育境界的一个指标,是一所学校的"育人"含金量。如果一所学校的含金量定位为考试成绩,它的成色就是混浊的;如果一所学校的含金量定位为立德树人,它的成色就是清纯的。黎巴嫩诗人纪伯伦说过:"我们已经走得太远,以至于忘记了为什么而出发。"教育是为着我们不曾拥有的过去,为着我们不曾经历的当下,为着我们不曾想到的未来。教育之原点在激发想象,而不仅仅是学习知识;教育之原点在发展理性,而不仅仅是讲授道理;教育之原点在鼓励崇高,而不仅仅是理解规范;教育之原点在丰富经历,而不仅仅是掌握技艺;教育之原点在温暖心灵,而不仅仅是强化记忆;教育之原点在强健身心,而不仅仅是发展智能;教育之原点在点亮人生,而不仅仅是预知未来。回归原点,是好学校的立场。不功利——好学校是纯粹的。

好学校有优雅的行色

　　优雅是让人向往的,有来源于生命本身的气质。每一个人都行色匆匆,孩子们被课业压得喘不过气来,教师被成绩比较而形成优劣阵营,这样的学校就不会是一所好学校。什么是好学校?孩子们表情舒展,教师们精神敞亮——每到一所学校,我总喜欢以这样的眼光去观察师生的生命状态。我发现,在好学校,孩子们的脸总是明晃晃的,有美好期待;教师的行色总是从容优雅,有专业自信。女孩子清新可人,男孩子风度翩翩,生命在人性层面焕发出动人光彩。一句话,每一个生命都自然而然地生长，这里有一种难以言说的气息在校园里弥漫开来、传播出去。面对此，我只能说：好学校是舒展的。

好学校有鲜明的特色

办学特色是一所学校整体呈现出来的系统性特征，集中表现在基于学校文化的课程体系。学校办得好不好，不在于规模有多大，而在于特色是否鲜明，是否有足以体现自己文化的课程架构。好学校行走在有逻辑的课程变革之路上，努力让学校课程富有倾听感，关注学生的学习需求；拥有逻辑感，建构严密的而非拼盘的课程体系；嵌入统整感，更多地以整合的方式实施而非简单地做加减法；饱含见识感，以丰富学生的学习经历为取向；提升质地感，课程建设触及课堂教学变革，课堂教学呈现出新的文化样态。一句话，好学校课程目标凸显内在生长，课程内容突出学习需求，课程结构强调系统思维，课程实施张扬生命活性，课程评价与管理彰显主体向度。好学校关注学习方式的多变性和场景性、学习时间的灵活性和可支配性、学习空间的多元性与舒适性、学习资源的丰富性和易得性，让所有的时空都成为课程场景，让孩子们学习作品的形成、展示、发布、分享成为校园里最美的景观，让时空展现出生命成长的气息和灵动。是啊，好学校有生命里最美好的记忆。

好学校有厚重的底色

厚重的底色不在于办学时间长短，而在于拥有强烈的文化自信。进入学校，我喜欢看墙上的"文字"。多年经验告诉我,文化不在墙上,很多时候,墙上的文字越多,学校的文化含量越低。道理很简单,大量文字堆放在墙上,说明这种文化还没有被老师们普遍认同,更谈不上内化于心、外化于行;说明这种文化还缺乏影响力,还没有被大众广泛接受,需要宣示和传播。一所学校是否拥有自己的教育哲学,是否拥有自己的教育信仰,是它"底色"如何的重要侧面。毫无疑问,好学校应该有自己的教育信仰。但是,教育信仰不是文字游戏,不是专家赐予的东西。信仰是从内心深处生长出来的,是从脚底下走出来的,是从指尖流淌出来的,是慢慢地生长、慢慢地走出来、慢慢地流淌出来的东西。唯有"慢慢地"才能"深深地","深深地"才能"牢牢地",扎下根来,进入我们的灵魂,融入我们的血液,成为我们生命的构成,成为我们前行的力量。文化总是无言或少言,但让人作出判断和选择。好学校,你一走进去,一种向往感、追慕感、浸润感便油然而生。因此,好学校是柔软而有力的。

　　美国思想家梭罗在《种子的信仰》一书中把好学校比喻为"一方池塘",每一个孩子在其中如鱼得水,自由自在,这就是"回归自然"的状态。不是吗?好学校总是这样的——温润,纯粹,舒展,美好,柔软而有力——这也是本套丛书聚焦的一批学校的性格色彩。

杨四耕

2023 年 2 月 21 日于上海市教育科学研究院

目 录

　　　　每一段岁月都写下曾经克服的无数艰苦,经历反复思辨,经历岁月打磨,成就了自我蜕变和超越品质,凝练成"自信自主,成人成才"的学校文化。在价值认同中探索自信的文化内核,在内外兼修中涵养自信的文化生态,是学校文化变革的逻辑,此种逻辑呈现出从外延到内涵、从散点到联动、从同质到多元的发展特征。

　　　　每一个学生都应在学校课程中自由生长,每一位老师都应在学校课程中自觉发展,每一所学校都应在学校课程中升华蜕变。课程是学生的课程,以学生的生活经验、学生的需要和动机、学生的心理特点为基础,构建丰富多元的课程;课程是老师的课程,以老师的专业背景、老师的特长爱好、老师的创新意识为抓手,创设新颖多样的课程,是学校课程发展的实践逻辑。

第三章　课堂教学与自信发展 / 73

每个孩子心中都有一颗自信的种子。种子的生长离不开适宜的环境,课堂教学是学生在学校的主要活动,也是学生自信发展的重要组成部分。把握每个孩子的学情,基于学情设定适合学生的学习活动,根据不同学生的表现给予发展性评价反馈,激发学生乐于发现、勇于挑战、敢于创新的内在动力,让每个孩子自信满满地参与学习。

第四章　学校德育与品性发展 / 137

育人为本,德育为先。德是做人的根本,教育不仅是传授学生知识和技能的过程,而且也是培养学生良好品格的过程。系统的德育课程、丰富的活动参与、深入的实践体验和协同的育人格局,共同奠定了学生良好的道德品质基石,形成了学生正确的世界观、人生观和价值观。

第五章　专业智慧与自觉发展 / 171

促进教师专业发展是学校发展的重要组成部分。涵养师德师风,发展课程能力,提升研究能力,不断拓展教师专业发展路径,是学校内涵发展必不可少的维度。一所学校应特别注重教师的专业阅读、行动研究、问题解决、课题研究、自我提升为核心的专业发展体系建设。

第六章　学校管理与内涵发展 / 201

　　学校管理是联通上下、贯通表里、有机融合的系统。坚持"以人为本"的管理理念,以发展的眼光、创新的思维、灵活的手段,创新学校管理方式,践行"情境式管理""走动式管理""燃梦式管理"多元并轨的管理方式,让教师成为学校管理的亲历者、参与者和推动者,建立凝共识、促发展、求实效、增信心的学校内涵管理模式,是学校内涵发展的必然选择。

前　言

以六维管理推进学校内涵发展

　　随着社会的发展,我校作为农村学校,几度并校,几易校址,学校的办学硬件得到了极大的改善,但如果只满足于这种外在的发展,没有丰厚的内涵做支撑,再好的教学硬件、再美的环境,也无法办出符合新时期要求的好学校。

　　新时期的学校应该是内外双修的,在硬件得到改善之下,内涵发展就成了老学校重新起飞、内存质量提升的引擎。要提升学校的"软实力",就是要聚焦于师生核心素养的提升、课程与时俱进的丰富和拓展、校园运行机制的不断优化。客观上学校在发展过程中,曾为了追求发展结果的显现性,经常举办形式各样的活动,但这些往往短期见效,深究下去却不难发现这些特色活动就像一粒粒散开的珍珠,难以形成一种体系,有时甚至会顾此失彼,造成在课程建设、人的能力培养上发展不平衡的困扰。而内涵发展就是要厘清和挖掘学校教育教学中各关键要素和结构间内在的逻辑和联系,不断相互地渗透、融合、调整,精益求精,让学校的一切活动和资源形成系统,成为推动学校内部变革的力量,将学校引入一种新的发展格局,不断创新发展。

　　每一所学校的内涵发展都是独特的,其内涵发展应该是一所学校历史、现状、环境、师生等各方面综合的发展,是一种内在软实力的发展。从另一个角度来看,一所学校内涵发展的特质也是鲜明的组织文化形成的过程,两者相互影响、相互促进。学校组织文化是显性和隐性的综合体,是学校组织成员所认同的,是在长期的发展过程中所形成的代表和引导学校组织成员行为的一种价值体系,对学校发展愿景、成员的价值观、原则和行事方式有重要的影响。

由丹尼尔·丹尼森教授创建的"丹尼森组织文化诊断模型"是衡量一个组织文化是否有效、实用的主流模型之一。[①] 该诊断模型从适应性、使命、参与性和一致性四方面对组织内在的信念愿景、管理机制、行为方式等文化方面做全面表征。近些年来,我们以丹尼森组织文化诊断模型为参考,基于我校70多年的历史、面对当下的社区发展和新时代的教育发展需要、师生共同成长的需要,以提升学校软实力为核心,对影响学校内涵发展的几个方面,从时间维、理念维、机制维、空间维、主体维、活动维进行自我革命、反思重建。(见图 1)

一、时间维:基于学校历史,定位发展方向

每个学校的内涵发展都不尽相同,是因为每一所学校所处的地理环境、区域经济和文化不同,在悠久的历史发展过程中,经历了岁月的打磨和反复的思辨论证,逐渐形成了其文化特质。因此,在促进学校内涵发展时,学校应该充分探究和总结学校的历史,挖掘学校优势,并基于优势使之成为学校独一无二的"标签"。特别是在我校发展过程中,由陈行中学、题桥中学、中河中学、向明世博初中等多

---

① 王茂祥,黄建康,姜美慧,施佳敏. 企业文化践行度的测评方法与提升路径[J]. 统计与决策,2017(02):183-186.

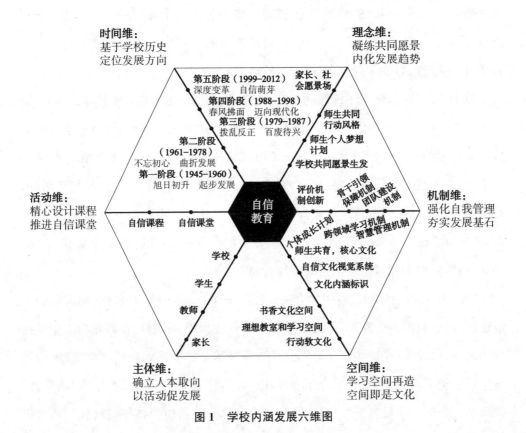

时间维：
基于学校历史
定位发展方向

理念维：
凝练共同愿景
内化发展趋势

第五阶段（1999–2012）　家长、社会愿景场
深度变革　自信萌芽
第四阶段（1988–1998）
春风拂面　迈向现代化　师生共同
第三阶段（1979–1987）　行动风格
拨乱反正　百废待兴
第二阶段　师生个人梦想
（1961–1978）　计划
不忘初心　曲折发展　学校共同愿景生发
第一阶段（1945–1960）
旭日初升　起步发展　评价机　骨干引领
制创新　保障机制　团队建设
机制

活动维：
精心设计课程
推进自信课堂

自信课程　自信课堂　个体成长计划　跨领域学习机制
智慧管理机制
师生共育，核心文化

机制维：
强化自我管理
夯实发展基石

学校　自信文化视觉系统
文化内涵标识
学生

教师　书香文化空间
理想教室和学习空间
家长　行动软文化

中心：**自信教育**

主体维：
确立人本取向
以活动促发展

空间维：
学习空间再造
空间即是文化

图1　学校内涵发展六维图

所学校融合而成，每所源头学校都有自己的特色文化和特色项目，它们的每一次相融就是一次自我蜕变和品质超越。所以作为管理者在思考面向未来时，很有必要直面过去，尤其是校长、管理团队应该充分学习和研究学校的历史，在传承学校优势的同时结合时代要求，在传承中创新，确定学校不同时期的发展目标和教育主张，逐步形成适应时代新要求的、适应区域改革发展的办学风格和特质。

我校前身"私立陈行初级职业中学"始建于抗战胜利前一个月——1945年8月。在那个烽火四起的年代，为了苦难社稷兴学、为农家子弟兴学，学校从诞生开始就烙下了"自强不息"的精神印记,解放后成为公办初中陈行中学。在历史长河中,历经几代教育前辈的呕心沥血,学校从当初的一所私立学校嬗变为具有开门办学、自主管理、自我革新等现代学校特征的公办初中。

数十年的发展,留下了深厚的积淀,塑造了"自强不息"的文化精魂。例如,陈行中学在1990年就开始"小步子,多反复"的教学方法。1991年,题桥中学接受县教育局指定的《综合理科》教材试教任务,开设航模科技、生物、艺术等活动小组20余个,形成了艺术科技教育特色。1995年10月,陈行中学举办50周年校庆活动,筹款28万余元成立"陈行中学教育奖励基金会"。1996年题桥中学被区教育局命名为"窗口学校"。1996年6月,"丁仁科先生纪念图书馆"在陈行中学落成。2001年9月,题桥中学加入新基础实验学校行列。

2002年陈行中学与题桥中学合并成浦江一中。2006年,学校把"加强师资队伍建设,促进教师专业发展"作为重点发展项目。2010年,学校在两轮尚文中学托管的指导下,以"自主建构式学习"为抓手,开展基于导学案设计的教学实践,引导学生自主学习,采用小组互助合作学习,以"自信作业"为突破口,推行"前滚后翻"式班本化作业。学校基于"全员德育"的教育思想,分析生源特征,提出了"自信教育"工作思路。

2013年,随着世博初中并入,给学校注入了黄浦向明中学的时代气息和创新文化。2015年,建校70周年校庆,正式发布寓意为"阳光和水的演绎"的阳光自信新校徽。2019年,上海市初中强校工程工作方案中确定了新时期校训"知行合一,自强不息"。

回顾学校发展的五个历史阶段,历经风风雨雨、多次并校磨合的阵痛,我们厘清学校文化建设的内在逻辑,逐渐探寻出属于自己的文化基因:自信文化。浦江一中就是历史中的几条涓涓小溪终于汇聚成河。他们从诞生的那天起,这一条条涓涓细流就流淌着"自强不息"的气质,数十年的历史沉积,终于凝练成了今天"自信自主,成人成才"的办学思想,"知行合一,自强不息"的学校文化。这种学校内在精气神的嬗变,其实也是一所学校历史发展的脉络。

二、理念维:凝练共同愿景,内化发展趋势

美国管理学大师、麻省理工学院彼得·圣吉博士(Dr. Peter Senge)提出,共同愿景是指发自内心的愿望,是人们心中一股令人深受感召的力量。心理学家马斯洛发现,高效团队的最突出特点就是有共同愿景。一所学校的生存与发展也是一样的,需要学校上下凝聚共同愿景。愿景作为组织生命象征、被组织成员所广泛认同甚至"深切热望"的内在生命意义,会唤起人们的内心渴望,推动人体悟生命的真义,变利益驱动为意义追寻,变外在控制为自我成长。愿景是赋予教师权利的强大源泉,教师通过参与学校愿景的创造、维持、演变等永无止境的过程,从而把自己卷入一个自我发展、自我成长的过程。①

教育内涵发展的根本是人的全面发展,所以"共同愿景"应该是学校全员长期参与、共同生成的追求和梦想,是学校全体师生愿景的融汇、提炼和提升。在共同愿景形成过程中,我校提出了"大处着眼、小处着手、设计好抓手"的文化治校新型策略和思路,主要通过两种方式来收集、凝聚共识。一是汇集式,将学校有相同教育理想、志同道合的人组成一个共同体,沟通形成共同愿景的最核心力量;二是提炼式,通过邀请全校师生共同参与,把他们内心深处共同的愿望挖掘出来,进一步

---

① 项红专,刘海洋.学校愿景管理:意涵、价值及模式构建[J].教育科学研究,2019(09):24-28+43.

提炼为共同愿景。这种方式经实践证明它有助于凝聚共识、有助于完善教育教学高质量发展规划、有助于提升学校品牌价值、有助于营造和谐氛围。

对于学校管理内涵发展来说，只有点燃师生成长的梦想和共同愿景，才能将每日平凡的工作和自己的追求联系起来，才能够发掘出自己的潜力，突破缺乏动力、缺乏激情、缺乏创新的困境，充分发挥师生的主观能动性，推动自身教育教学变革，深化学校内涵管理。为此，我们根据学校实际，创新燃梦式管理方式，为师生凝聚共同的愿景设计了一系列的梦想活动。六年级新生入学教育时给未来八年级的自己写一封信；新入职的老师从填写梦想卡开始，给三年后的自己写一封信；中青年教师的 3 年筑梦计划；经验型教师的 3 年逐梦计划等。在这些燃梦行动中，学校逐渐形成了"（做事清单＋做事标准）时间函数 ＊ 动力指数 ＝ 专业成长"的梦想公式，用量化的办法管理时间，助推师生的自信成长，凝聚了共同愿景，又把个人的成长与集体的成长相融合，激发了师生的内驱力和创造力。

另一方面，精神文化是一所学校在发展进程中不断内化的一种力量，是学校的核心和灵魂，具有强大的感召力和导向作用。学校精神文化中，校风建设是其中之一，使学校每一位成员都能认同学校的文化，形成较强的集体意识和荣誉感。加强教风和工作作风的建设，让教师成为学生发展的真正领路人，"亲其师，信其道"。教师良好的、高尚而富有魅力的教风就是一股无形的强大的精神力量，对学生的影响润物细无声、受益终身。加强学校学风建设，为学生创设浓厚的学习氛围、开放的学习空间、秩序井然的学习环境，激发学生热爱学习、热爱生活、培养学生优秀品质。三风建设让师生们在行为方式上也有一个共同的愿景，那就是成为一个可以实现自我管理的人，做一个更好的自己、一个自信的人。

当然对共同愿景系统的宣传和培训也很有必要，这样才能让其成为教师们的梦想、在行为方式上彼此产生共鸣的磁力场，从而自觉地融入学校的发展之中。

通过微信、家长学校、班会等途径宣传学校的共同愿景,使其得到学生家长以及社会的认同,才能凝成一股强大的合力,从而最终实现学校共同愿景。

三、机制维:强化自我管理,夯实发展基石

一个高效的、科学的制度文化应该有三个显著的特征:一是有引领性的管理理念。例如,秉持"以人为本"的管理理念才能建设出"以人的发展为本"的组织结构和规章制度,才能更加有效地激发全校师生、家长、社区的主动性,为学校发展而共同努力,让教师幸福有效地工作,让学生健康快乐地学习。二是有完善的运行机制和制度。学校的每个部门有自主化的运行机制和规章制度是部门高效运转的基础,学校各项工作实施才有章可循、有据可依。三是有合理的和专业的组织架构。把合适的人放在合适的岗位上,人尽其才。因此,根据学校"自信自主,成人成才"的共同愿景,建构科学的学校制度文化是保证学校生存和发展的基础保障。

学校工作就是要激励人、吸引人,因此要强调人本管理,1+1的管理思想就是一种很好机制。通过组织"1+1"会议让老师们一起参与管理决策,以"我的校园我做主"的姿态加入决策过程、管理过程、执行过程、操作过程中,破除"唯上"管理模式,决策重心下移;在这种以人为本的管理思想下,我们主张以老师和学生的需求作为工作的依据,而不是简单地以管理者的标准为依据,这种生成于师生内心需要的管理机制更能帮助师生个性成长。

人的自我成长力量是最强大的,只有一个善于自我管理的人才能自我超越,成就一个更好的自己。在我校,自信美少年、自信美教师的评选就是一种自我形

象、行为方式的自我设计和实践。在学业水平评价方面，淡化横向绝对差异的比较，通过信息技术处理大规模的数据，实现了逆向的追溯式学业分析方法，突出纵向发展的比较，"今天和昨天比""不比成绩、比成长"，当这种自我成长的愿望被点燃，"自己管自己"就成了一种内在的成长力量。

在教师专业成长之路上，为了把骨干、班主任队伍建设好，我校紧紧地依靠职称、岗位晋升等评价制度来保障有生力量，并大胆地改变过去多年来以简单投票表决评议的方式，由聘任委员会和教师代表共同制定符合新时期要求的职称、岗位晋升的相关制度，把班主任经历、备课组长、组室长等骨干教师经历和教学发展态势纳入评价体系中，以分数的方式扣算，每条与当事人核实，虽然工作复杂，但更加公开透明，极大地提高了教师参评的信心和愿望。从而保证了学校长期以来能有一支愿做事、能做事的班主任、骨干队伍。

在管理过程中，我校不仅强调个体的努力，而且还特别关注和重视团队协作、团队管理力量的激发。当今是一个知识大爆炸的时代，面对海量的信息资源、日新月异的技术、不断细化的教育教学要求，教师单人的知识、能力已不足以应对这场教育变革，只能靠团体合作，把彼此当成彼此的耳目，把自己的认知地图与他人的认知地图相拼才能了解这个世界，完成更复杂的教学任务。例如，跨学科课程的开发和实施，就要求教师打破学科界限相互协作、相互配合进行学科间的学习与交流、吸纳和统整。所以我校特别强调老师们"跨"的行为，例如，跨进他人的课堂，开展"你上我听"线上教学实践的研究；跨出年级组，综合有系统地开展基于自信美少年的分年级培养任务，形成一个完整的自信行规培养逻辑。

学校不仅需要科学的管理，而且还需要实践的智慧。在这几年，学校积极地向现代企业管理学习，吸收有效的管理智慧，以知行合一的行进方式，创造性地把"钉子精神""情景式管理""走动式管理""燃梦式管理"运用到实际工作中，发挥正向反馈和管理的激励作用,帮助教师获得有针对性的指导和正面肯定,拓展教师参与学校管理的多元途径,增强学校的凝聚力、师生们的归属感。通过这种多元管理,促进教师确立奋斗目标,追求教学梦想,推动阶梯式教师团队建设,用梦想凝心聚力,用目标引领发展,用奋斗书写成长篇章,提升管理品质,促进学校的内涵发展。

四、空间维:学习空间再造,空间即是文化

人是环境的产物,人不能脱离环境。环境空间中有特征的事与物、图形与文字、行为与结果,比我们简单的说教效果好万倍,它是无声的语言,让每一个进入其中的人受到潜移默化的影响。从某种意义上来说,校园环境文化的质量很大程度上会影响师生的学习、工作和生活质量,甚至情绪和思绪方式。也许这个观点有些偏激,因为凡事都有内外因,环境只是外因,并不是唯一的决定力量。但这给了我们一个启示,环境的营造十分重要。

校园文化就是学校有形环境:包括学校建筑、校园景观和文化设施等有形环境。将学校的文化理念融合在学校的有形环境中,提供师生健康的、积极的、有归属感的物质文化。① 基于此,浦江一中以"自信文化"为核心内涵,对校园文化进行了系列的改造。

设计了一整套与自信教育契合度、识别度高的视觉系统。包括校服的更新设计、校园楼宇外立面的装饰装修、内部空间设计美学的落实、道路的翻修等,无不

---

① 焦楠.从外延发展到内涵发展:学校发展观的时代转向[J].西北师大学报(社会科版),2016,53(06):103-108.

展现自信文化的内涵,以自信为中介,改变以往空间的区域、界限意义,变成教师、学生展现自身创意、想法、理念的公共场所,为教师教学和学生自信心的提升赋能。

给校园建筑、景观、道路植入更多的自信文化内涵。例如,依据"知行合一自强不息"校训,对校内楼宇、道路重新命名等,其中"知""行""合""一""自""强""不""息"字各对应"知言楼""行远楼""合衷楼""一中""自臻楼""强毅楼""不厌楼""息息楼"等,让"自信自主,成人成才"的自信文化渗透校园空间。

打造互动性强的校园书香环境。仅有视觉系统还不够,为赋予更多的文化内涵,在这一方面,我校把眼光放在中国传统文化上,不仅在楼宇命名等之中注入传统文化,而且还把师生创作的诗、书、画、印等作品放入到校园文化的设计中,让一个个灵活的空间成为小小的艺术廊、文艺厅、科创展等,把校园空间变成一个具有活力的创作平台,与相关的课程结合,定期集结新内容更换展品,让师生的作品成为学校文化环境布置的主体。

打造"绿色、多元、自主"的理想教室和学习展示空间。例如,在一些学生公用的区域安装大面积的磁性黑板、给墙面涂上磁性材料,给学生更多自由展示的空间,形成了无钉无胶、更换方便、绿色环保的宣传和展示载体。再如,理想教室的设计,不仅室内全面磁性墙面,而且,还包括整体空间的设计、座位的安排、标语的选择等。每一处细节都下了功夫,让学生感到轻松,消除压迫感,释放活力,让他们在课堂上更自信、更勇敢。

培养师生在校共同成长的行动软文化。文化不应只是在墙上、在纸上,更要在行动上,我校在自信行规教育中,不仅强调日常行为规范的教育,而且还特别强调诸如"言出行、行必果""有错就改""每天进步一点点"的"知行合一"思想;以职业生涯教育为载体,引导学生寻找自己心中正面的偶像,向偶像学习,向职业要求和规范靠拢,在学校成为一个自信的美少年,在未来要成为一个自食其力的现代公民。

五、主体维:确立人本取向,以活动促发展

学校构成要素是学生、教师、家长、课堂、课程,这些构成要素与其他社会组织单位完全不同。课堂是学校的根本,课程是学校教育实施的载体,教师与学生则是教育教学的实施者和承受者,家长是学生成长的第一任教师,他们的发展就促成了学校的内涵发展。

教师,是学校课程和教学行为的主要实施者,是学生身心发展过程中的教育者、领导者、组织者、同行人,首先是在"传道、授业、解惑"的教育活动过程中的那"摇动另一棵树的树""推动另一片云的云""唤醒另一个灵魂的灵魂"。所以我们以"做一个精神灿烂的教师"为师资建设的首要目标,组织教师们讨论:什么样的教师才是精神灿烂、自信的教师?学习我们身边那些精神灿烂的自信榜样。从需要与时俱进的学识要求和甘于奉献的责任担当中激发教师们内存精神活力。当教师们的精神世界成为一个灿烂的花园,那就是学生成长的花园。

苏霍姆林斯基曾说:"如果你想使教育工作给教师带来快乐,使每天的上课不变成单调的义务,那就请你把每个教师引上研究的幸福之路。"[1]我们多年来有计划地组织老师参与学校的大课题研究,以教研组、备课组为小单位,以个人的小课题为微单元,聚焦于自信教育、自信课堂"六字法"的实践与研究,在行动中培养实

---

① 宋艳平.苏霍姆林斯基的教师观及其当代价值[D].曲阜师范大学,2013.

践智慧,在各类教育教学焦点中感悟解决问题的方法和法门,从自我规划与内在修炼中寻找成长中的自我和成长的新目标。

我们想,一个有思想的教师才能富有人格的魅力,一个有思想的教师才能富有精神感召力,才能让教育有智慧、有美感、有妙法、有呼吸般的节奏感。于是就有了我们浦江一中的理想教室、心灵花园、慢教育的艺术。我们想,一个有主张的教师才能让课堂充满活力,一个有主张的教师才能让课堂张力如簧;一门课堂有思想才能让师生健康地成长,一门课堂有思想才能展现一个完整的世界,展现更加客观、更辩证的世界观和价值观。于是就有了充满活力和魔力的"趣味化学",就有了富有"生活即教育"意义的"文具店打折话题",就有了用数学和物理学解决"计数一袋米有多少粒?"的神奇方法,就有了激情满满的英语配音和演讲。正是有教师们的专业智慧与自觉,他们才能看得见学生的成长发展规律和需求,了解了学生的生活实际和思想实际,把握得住智慧教育的时机,在学生的品德培养、课堂学习以及课程体验上能够运用科学的、灵活的、生动的教育智慧进行教育教学指导。

学生是学校的主人,学习主体。坚持以人为本在教育工作中最集中的体现就是育人为本、立德树人。德是做人的根本,教育不仅是传授学生知识和技能的过程,也是培养学生良好品格的过程。我们围绕学生的自我认知、社会理解、生涯规划、职业体验四个方面开展丰富的生涯体验式活动,建设了自我性生涯课程、社会性生涯课程、规划性生涯课程、体验性生涯课程,通过实践探索、经验学习、交流分享等方式为学生创设生涯探索与品性培养的机会。

活动教育是一种重视直接经验、尊重学生主体的教育思想。我校在"以活动促发展"的教育理念下,根据青少年的年龄特点健全有关行规教育的制度和要求,明确行规教育目标。采用分年段习惯培养,强化仪式教育,通过班级值周、自信宣言——国旗下讲话、丰富的校园主题节日,结合"自信美少年"的评比,引导内化行为习惯、塑造自我、成就自我。

劳动教育是中学生教育不可缺少的重要组成部分。我校不断优化校园劳动课程,将劳动素养纳入学生综合素质评价体系,充分挖掘周边可利用资源,宜农则农,对话劳模工匠,在家庭、学校的日常生活中寻找锻炼的机会,采取多种方式开展劳动教育。引导学生树立正确的劳动观,崇尚劳动、尊重劳动,逐步养成良好的劳动品质。

家长是孩子成长的第一责任人。家庭教育,是大教育的组成部分之一,是学校教育与社会教育的基础,在人的一生中起着奠基的作用。我校通过多种途径大力普及家庭教育知识和开展家庭教育理论研究,推进家校共育工作向规范化、科学化、社会化方向发展。在实践中,学校采用规范性制度建设、沉浸式共育方式、学习型共育形态和升级版沟通模式,不断提升家庭教育的实效,共同培养品行端正、身心健康的孩子。

六、活动维:精心设计课程,推进自信课堂

课程是学校一切活动的总和。学校课程哲学是一所学校课程建设的价值追求,是学校课程变革的灵魂,贯穿于学校课程变革之始终,对学校课程建设有直接的指导作用。纵观学校的发展历史和未来,为切实贯彻党的教育方针,在新时期我们确定了我们的教育哲学是"自信教育",以期师生共同成长,使其能自信地、内在地、个性地、扬长地成长和发展;以期培养"强体魄、乐生活,有情趣、重行动,会思辨、能创造,有自信、敢担当"的自信满满的人。

有了上述的课程指导思想，2020 年以来，基于师生、家长对所遇的问题、愿望、志趣、困难等方面学校每年坚持做大数据调研，以寻找学校课程发展的突破点，在课程的顶层设计、课程建设方面进行构建和思考，以此每年定期梳理学校的整体课程，以加强顶层设计的科学性、引领性，厘清课程元素间的逻辑关系，以国家课程为核心重构学校整体课程内存逻辑，近年来逐渐形成了以自信教育为教育哲学、涵盖 Fitness、Logic、Art、Mind、Exploration 五大领域的"FLAME"课程体系。使课程成为上承教育哲学、下启育人目标的载体，激发师生共同成长的自信火花。

其中 Fitness 身心健康课程结合了体育、心理健康等国家课程，形成学校"强体魄""优心理"两大板块的拓展课程；Logic 数理逻辑课程整合了数学、物理、化学等国家课程，设置数理逻辑系列课程，以培养学生的逻辑思维能力；Art 艺术审美课程整合美术音乐等国家课程，开设多样拓展课程，强调培养学生艺术情趣、提高审美品位。Mind 语言与社会课程结合语文、道法等课程，强调广泛阅读，培养学生正确的社会意识。Exploration 探索实践课程整合科学、信息技术等国家课程，强调培养学生的实践能力和创新能力。

每个孩子心中都有一颗自信的种子。课程实施是学校课程付诸实践的过程，是学校课程真正走进课堂的过程。在德育方面，我校以落实自信教育来培养自信少年为主线，从"自信课堂""自信学科""自信社团""自信节日""自信学习""自信之旅""自信校园"七方面入手践行"自信教育"的理念，深度推进"FLAME 课程"，落实立德树人根本任务。

"自信课堂"是根据学校课程理念，以及我校学生的学情和教学实际情况提出的课堂构想，包括教师自信、学生自信、师生互信三个维度。在近年的实践中，逐渐形成了"低起点，奠定自信基石；小步子，筑建自信阶梯；多活动，营造自信氛围；

勤反馈,调整自信步伐;激兴趣,绽放自信之花;多赞美,催化自信果实"的"低、小、多、勤、激、赞"的"六字自信课堂"。

在实施"自信课堂"的实践中,我们自然而然地融合了以学生为中心的自信导读、小组互助学习和互励评价、情景教学等教学方式,利用学习 APP、线上学习等方式整合了信息技术,强化了学生习得效果的及时反馈,不断地鼓励和激发学生的自信。同时我们还清醒地知道知识是无穷尽的,且每一个学生都是不一样的个体,所以"自信课堂"更加关注教与学过程中要培养学生健全的人格和掌握解决问题的关键能力,让学生在学习中找到成长的方向和成长的自信。

总之,学校的办学理念、共同愿景、管理制度、办学行为、学校文化是构成优质学校最基本的要素,它们在优质学校的创建过程中相互影响、"分工合作",扮演着自己独特的角色①。浦江一中建校七十余年,筚路蓝缕,而今面对新时期、新要求、新机遇,我们的任务就是要把这些最基本的要素精心构架,在工作中坚守"知行合一、自强不息",建设出一个充满活力、充满灿烂的自信校园。

---

① 周峰,郭凯,贾汇亮.中小学优质学校形成机制研究[J].教育研究,2012,33(03):41-46.

第一章

学校历史与文化发展

　　每一段岁月都写下曾经克服的无数艰苦,经历反复思辨,经历岁月打磨,成就了自我蜕变和超越品质,凝练成"自信自主,成人成才"的学校文化。在价值认同中探索自信的文化内核,在内外兼修中涵养自信的文化生态,是学校文化变革的逻辑,此种逻辑呈现出从外延到内涵、从散点到联动、从同质到多元的发展特征。

1945 年 8 月,几乎在抗日胜利同一时刻,浦江的前辈先贤,怀揣着复兴本土教育的殷切期望,奋起为浦江一中的前身"私立陈行初级职业中学"奠基揭幕。从曾经栖身双梓树下、每年毕业数十名学生的私立中学,到公办初中陈行中学,再到与题桥中学合并,而后成立全新的浦江一中,接着又有向明世博中学加盟,历经岁月洗礼,成为如今在校生超千人的现代学校。

　　新时代,加强学校文化建设是教育品质提升的重要途径。在立足学校本位,凸显师生主体的基础上,我校融合五育并举和多元智能理论,以新的课程体系展现出自信文化的制度建设成果。以校园文化建设为抓手,从视觉、空间、内容等不同纬度,打造出涵养自信发展的学校文化生态系统。以激活主体内在动力为目标,我校始终坚持特色班集体建设;挖掘社会资源,打造特色课程;践行六字诀,加强自信课堂建设,促进每一个学生的发展。

第一节　陌生却又熟悉的画卷

　　经过七十余年的努力,学校不断进步。为了持续发展,我们都在思考:是什么决定着学校的发展? 我们都认同——是文化。在学校文化建设的过程中,我们不断在办学思路、课程体系、教学研究、学校管理等方面寻找文化传承的基因。

我们的校训是"知行合一,自强不息",这是历经近七十年的传承。从诞生于战火之中的那所私立陈行初级职业中学起,就烙印下"自强不息"的印记。每一个发展阶段的办学者都在思考:"如何理解学校文化"(文化本体)、"建设谁的学校文化"(文化母体)、"谁来建设学校文化"(文化主体)和"怎样使学校文化落地"(文化载体)。① 这贯穿着学校自信文化建设的全过程,使文化基因的传承从表面走向本质,从模仿走向自主生发,从校长主宰走向师生主体,从依赖活动走向融入课程。这条自信文化探索之路绵延了七十年。

第一阶段:旭日初升　起步发展(1945—1960)

时处抗日战争时期和解放战争时期,由于常年战争的影响,中国教育发展遭到了严重的阻碍,发展缓慢,但是中国共产党在抗日革命根据地领导教育改革,总结和积累了丰富的经验,为新中国成立后教育的发展奠定了坚实的基础。②

1949 年 10 月 1 日,中华人民共和国成立,党的教育实践开始新的征程,提高广大人民群众的文化水平成为不容忽视的重要任务。具有临时宪法性质的《共同纲领》规定,中华人民共和国的文化教育为新民主主义的,即民族的、科学的、大众的文化教育。③ 同年 12 月,新中国成立后第一次全国教育工作会议召开,会议确定了全国教育工作的总方针,标志着我国从半殖民地半封建教育向新民主主义教育转变。④ 从此,中国开始全面探索社会主义教育发展道路的新历程。

---

① 项红专.学校文化建设的内在逻辑[J].中小学校长,2022(04):27—31.
② 何光峰.抗日战争和解放战争时期的中国教育(1937~1949)[J].成人高教学刊,1999(01):62—64.
③ 黄仁贤.中国教育管理史[M].福州:福建人民出版社,2003:421—422.
④ 中国教育报.夯实千秋基业　聚力学有所教——新中国 70 年基础教育改革发展历程[EB/OL][2019 - 09 - 26].http://www.moe.gov.cn/jyb_xwfb/s5147/201909/t20190926_401046.html.

1945年,陈行人、孔令甲、秦景张等人创办私立陈行初级职业中学,1946年8月改名为私立上海县陈行初级中学。[1] 陈行初级中学诞生于战火之中,沐浴在党的光辉下,行走在社会主义教育道路上,用创新启迪教育智慧,用变革开拓全新篇章,为党育人、为国育才,培养担当时代大任的社会主义建设者和接班人。自学校成立后,历年升学考试成绩在县里名列前茅,为国家输送了许多优秀人才,浦东地区杜行、鲁汇、周浦、北蔡,浦西地区北桥、塘湾、马桥均有学生慕名前来求学。师生以校为荣,作有校歌:"美哉陈行,吾爱吾乡。农产富庶,风俗淳良。川流交织,东西相望。惟我学府,矗立中央。以教以化,相扶相将。业精于勤,学贵毋荒。精诚团结,意气飞扬。英才辈出,蔚为乡光。"这些成绩都离不开学校与时俱进,扎根前沿,不断变革教育教学方式,推动自身内涵发展。[2]

1945年抗日战争胜利后,按照部颁《小学训育标准》实施公民训练,在学生中设训管组织。陈行中心国民学校学生成立自治组织"陈行镇公所",下设保甲、康乐、风纪、文化、总务5股,开启"自主管理"先河。

在20世纪50年代,响应国家向苏联学习的号召,学校积极学习苏联凯洛夫教学法,课堂教学逐步形成"组织教学、检查复习、教学新课、巩固新授、布置作业"5个环节,[3]为学校的教学建设和内涵式发展奠定了重要基石。1951年起,学校推行广播操,并设有足球队、篮球队,常与惠南、闵行、北桥、马桥、三林等的学校比赛,多次获得第一。[4] 1957年,教育改革兴起,要求中学改进数、理、化教学。陈行初级中学逐步添置物理、化学实验设备,教师上课加强课堂演示实验,针对学校没

① 上海市闵行区浦江镇人民政府.陈行镇志[M].上海:上海人民出版社,2019:385.
② 上海市闵行区浦江镇人民政府.陈行镇志[M].上海:上海人民出版社,2019:386.
③ 上海市闵行区浦江镇人民政府.陈行镇志[M].上海:上海人民出版社,2019:370.
④ 上海市闵行区浦江镇人民政府.陈行镇志[M].上海:上海人民出版社,2019:543.

有专用实验室的情况,就让学生在教室内分组实验,[1]密切了学生与课程的关系,促进了学生科学意识和创新精神的培育。1958年,中共中央、国务院发布《关于教育工作的指示》,强调"教育为无产阶级政治服务,教育同生产劳动相结合"。学校将生产劳动列入教学计划,每周设劳动课,在校内建立种植园、饲养场等,学生还在操场建"小高炉"土法炼钢。每年农忙季节,学生都会放农忙假,参加1—2周农业劳动。[2]

同期,陈行初级中学设晨会、夕会和周会,进行思想品德和时事形势教育,开始设立班主任,对学生进行爱祖国、爱人民、爱劳动、爱科学和爱护公共财物的"五爱"教育。[3] 1953年,学校以劳动教育作为学生思想品德教育重点,组织学生参加农业劳动。[4] 在这一阶段,陈行初级中学坚决贯彻国家的教育政策和方针,积极汲取苏联教育家的优秀经验,并结合自身实际,创设了符合自身发展实际的课堂教学模式,让教学更具科学性,关注学生的思想品德发展,重视体育锻炼和劳动实践,让学生在做中学,促进了德智体美劳全面发展的社会主义事业建设者和接班人的培养。

第二阶段:不忘初心　曲折发展(1961—1978)

1959年开始,我国国民经济发生严重困难。从1960年冬起,中共中央决定对国民经济实行"调整、巩固、充实、提高"的方针。1960年11月,中央文教小组召开

---

① 上海市闵行区浦江镇人民政府.陈行镇志[M].上海:上海人民出版社,2019:370.
② 上海市闵行区浦江镇人民政府.陈行镇志[M].上海:上海人民出版社,2019:370.
③ 上海市闵行区浦江镇人民政府.陈行镇志[M].上海:上海人民出版社,2019:370.
④ 上海市闵行区浦江镇人民政府.陈行镇志[M].上海:上海人民出版社,2019:369.

全国文教工作会议,集中研究在教育工作中贯彻执行"八字"方针的问题,正式拉开了教育大调整的序幕。① 从 1961 年到 1963 年,党中央先后颁布《高校六十条》《中学五十条》《小学四十条》,明确了大中小学教育的任务和培养目标,开始形成比较完整的国民教育体系,到 1965 年底,我国基础教育得到了较为全面的恢复。1966 年 5 月,随着"文化大革命"的开展,我国教育事业遭受重大打击,受到了严重摧残。在这一阶段,陈行初级中学始终坚持教育改革,在变革中开拓新局面,用新思想武装头脑,大胆尝试,敢于创新,主动求变,不断提升教育教学质量。面对后期风云变幻的形势,学校不忘初心、牢记使命,在曲折中克服重重困难,履行教书育人的基本职责。

1961 年,学校强调以教学为重点,重视文化课基础知识教学和基本技能训练,以"五认真",即认真备课、认真上课、认真辅导、认真批改作业、认真考查,实施课堂教学,②优化了课堂教学模式。1964 年,教师实践"启发式"教授法,提倡"少而精",③启发式的互动教学开始取代单一的讲授,推动了从教师中心向学生中心的转变。

"文化大革命"期间,学校教育基本处于停顿状态。④ 直到 1970 年,学校"开门办学",学生到工厂"学工",到农村"学农"。陈行初级中学高中班学生在老师带领下到社办工厂学工,到农科所学农,到卫生院学医,有的还到队办企业学工。中小学借用附近生产队 2—3 亩农田作为"学农田",每周有班主任配合农业基础知识任课教师带领学生下田劳动,学种棉花、小麦、油菜等农作物,在老农指导下做一些科学小试验。⑤

---

① 黄仁贤.中国教育管理史[M].福州:福建人民出版社,2003:427.
② 上海市闵行区浦江镇人民政府.陈行镇志[M].上海:上海人民出版社,2019:370.
③ 上海市闵行区浦江镇人民政府.陈行镇志[M].上海:上海人民出版社,2019:370.
④ 上海市闵行区浦江镇人民政府.陈行镇志[M].上海:上海人民出版社,2019:370.
⑤ 上海市闵行区浦江镇人民政府.陈行镇志[M].上海:上海人民出版社,2019:370.

1962 年,陈行初级中学以《上海市小学生守则》《上海市中学生守则》作为思想品德教育的基本内容,提升了思想品德教育的科学性和规范性。1963 年 3 月后,学校开展"学雷锋,争三好"活动,学生以做好事为荣,以生动活泼的形式促进了雷锋精神的内化。[1]

1968 年,学校恢复招生,取消留级和升学考试制度,实行就近入学。同年,题桥、中河小学附设初中班,后改为题桥、中河初级中学。1972 年,陈行、题桥、中河 3 所初级中学增设高中班,为浦江一中的合并发展奠定了基础。

综观这一时期,我校的几个合并校逐渐建立和发展,在时代大环境下,虽然部分学校取得了一定发展成果,但是从总体上看仍然处于停滞状态,在曲折中发展、壮大。

第三阶段:拨乱反正　百废待兴(1979—1987)

"文革"结束之后,教育事业获得新发展。在 1978 年 3 月的全国科学大会开幕式上邓小平指出"科学技术人才的培养,基础在教育。"1983 年,小平同志为景山学校题词"教育要面向现代化、面向世界、面向未来",为教育发展指明了方向。1986 年 7 月 1 日起,《中华人民共和国义务教育法》全面实施。中共中央对教育领域的拨乱反正,一系列法律、规程等的制定颁布,使中国教育事业迎来了百废待兴的新局面。

在整体布局之下,地方教育也进行了相应的变革。1983 年,陈行、题桥两所初级中学,接受县、社两级政府的双重领导。[2] 1985 年,陈行乡教育委员会成立。

① 上海市闵行区浦江镇人民政府.陈行镇志[M].上海:上海人民出版社,2019:369.
② 上海市闵行区浦江镇人民政府.陈行镇志[M].上海:上海人民出版社,2019:360.

1987年起,各校先后实行职称评审制、全员合同制、岗位聘任制、结构工资制等人事、工资制度改革。[①] 而更为明显的改革则发生在教学和德育活动中。

学校首先调整了教学内容。从 1979 年起,学校工作重点转移到以教学为中心的轨道上,取消学农田及学工学农课。随着教学的不断实践,在 1981 年,教师尝试课前预习课后复习指导,组织学生课堂讨论,让学生在动手实验中解疑惑,组织学生参加调查研究等新的教学方式,培养学生阅读、分析和解决问题的能力。教学方式的变革收到了良好的反馈,此教法也在上海的县一级小学内得到了推广。之后的 1985 年,题桥初级中级教师在初二年级平面几何教学中打破传统的课堂讲授方式,采取"分组自学讨论"的教学方法,获得市教育局科研成果奖。80 年代中、后期,陈行、题桥初级中学和陈行中心小学电化教育起步,教师自制幻灯片、投影片。[②] 除了教法的革新,教学内容也迎来新的变化。

1984 年起,陈行、题桥初级中学初一、初二年级每周开设 1 节劳动技术课。曾开设过《花卉盆景》《动物饲养》《服装裁剪及缝制》《家用电器保养和维修》《家政服务》等课程。陈行初级中学教师发挥个人特长,编写《烹饪常识》教材,学校添置煤炉、餐具等设备,教师示范操作,学生分组动手实践。每个学生学会独立做菜 56 个。[③]

1979 年,重整教学秩序和校风校貌,成为了学校德育工作的重点,其间开展了"学雷锋争三好"活动,提倡"守纪律、有礼貌、讲卫生、树新风"活动。在 1981 年 3 月,中小学开展讲文明、讲礼貌、讲道德、讲卫生、讲纪律和心灵美、语言美、行为美、环境美的"五讲四美"教育活动。除了思想品德教育外,法制教育也出现在了

---

① 上海市闵行区浦江镇人民政府.陈行镇志[M].上海:上海人民出版社,2019:361.
② 上海市闵行区浦江镇人民政府.陈行镇志[M].上海:上海人民出版社,2019:371.
③ 上海市闵行区浦江镇人民政府.陈行镇志[M].上海:上海人民出版社,2019:371.

初中德育课堂之中,1986 年起,县检察院、法院等司法工作者来陈行地区中小学进行法制教育,学校利用广播、黑板报、墙报、图片展览、主题班会、校会、常识讲座等形式开展法制宣传教育。①

　　在这一阶段,对智育教学方式的不断尝试和革新,对劳动教育的实践探索,为之后的教学发展奠定良好的历史基础和经验。同时也取得明显的教育教学成果。比如,1980 届学生戴士平,中考总分超上海中学录取分数线,被七宝中学录取;在1983 年,高考总分上海县第一名,被中国科技大学录取。② 1986 年,学校体育卫生合格率达标,进入县先进学校行列。同年乡义务教育普及率也达到了 87.22%。这一时期,随着全国教育改革的浪潮,我校也迎来了百废待兴,继往开来的新局面。

第四阶段:春风拂面　迈向现代化(1988—1998)

　　1983 年,邓小平同志作出"三个面向"指示,即教育要面向现代化,面向世界,面向未来。1988 年上海开始探索基础教育课程改革,启动了一期课改。在认真贯彻《中共中央关于教育体制改革的决定》和《中华人民共和国义务教育法》的基础上,上海在全国率先提出实现由"应试教育"向国民"素质教育"转变的任务,提出"提高素质、发展个性"的培养目标,编制了各学科的课程标准和教材。③ 同时在教学方法、教学评价等方面进行了一系列改革。由此带来的学校教学变革也悄然而至。在 1990 年,经县教育局批准,陈行初级中学就开始了分层教学的实践。根据学生的实际情况,分班分层进行针对性的教学指导。分科班不设外语课,降低物

---

① 上海市闵行区浦江镇人民政府. 陈行镇志[M]. 上海:上海人民出版社,2019:369—370.
② 上海市闵行区浦江镇人民政府. 陈行镇志[M]. 上海:上海人民出版社,2019:387.
③ 焦婧茹,谢晓英. 一期课改:一次走向未来的破冰之旅——专访原上海市教育局局长袁采[J]. 上海课程教学研究,2018(02):3—8.

理、化学难度，增加语文、数学周课时和教时。教师采用放慢教学进度和讲课节奏，反复讲练的"小步子，多反复"的教学方法①，重燃学生的学习热情和动力，因材施教，提高教学质量。

1991年9月，随着上海一期课改的推进，题桥初级中学接受县教育局指定的《综合理科》教材试教任务，成立教改领导班子，重视基础性实验理念研究，任课教师钻研教材，认真备课，组织学生实验，培养学生动手能力和创造能力，试验任务圆满完成。同时艺术科技教育形成特色，每学期开设航模科技、生物、艺术等活动小组20余个，80%以上学生积极参与，②全面提升了学生的综合素质。每年举办艺术节、科技节，更为学生展示才艺搭建平台。

这一阶段的教学改革，遵循着一期课改的目标，即减轻负担，提高质量；加强基础，培养能力；提高素质，发展个性。③ 题桥初级中学在实践课改的过程中大胆探索、积极实践，取得了较好的成绩。1996年11月，区教育局在题桥初级中学召开"深入学习、强化管理、实施素质教育"现场会，介绍题桥初级中学的办学理念和实践经验。同月，学校举办"运用电教优化教学促进素质教育"市级课堂教学研讨会，得到高度评价，7篇教学经验论文在上海市教育局《电教》杂志上发表。④

这一阶段的学校德育工作开始与社会资源对接。1995年，陈行镇教委在上海申江玛瑙有限公司举行爱国主义教育基地揭牌仪式，区、镇有关领导参加仪式。上海申江玛瑙有限公司、上海海华时装有限公司、上海陈行工矿设备总厂、华庆机械制造有限公司等镇办企业及陈行镇敬老院成为陈行、题桥初级中学及陈行中心

① 上海市闵行区浦江镇人民政府.陈行镇志[M].上海：上海人民出版社,2019:371.
② 上海市闵行区浦江镇人民政府.陈行镇志[M].上海：上海人民出版社,2019:371.
③ 焦婧茹,谢晓英.一期课改：一次走向未来的破冰之旅——专访原上海市教育局局长袁采[J].上海课程教学研究,2018(02):3—8.
④ 上海市闵行区浦江镇人民政府.陈行镇志[M].上海：上海人民出版社,2019:390.

小学的德育基地,每月 1—2 次组织学生赴基地开展德育活动。[①]

1997 年前后,中小学努力贯彻落实从"应试教育"向"素质教育"转轨的教育改革,中小学纷纷成立社会服务队,利用课余时间和假期走向社会做好事。

通过传统课程向多样化、个性化课程的转变,满足不同学生的学习诉求,以学生为主体的课堂设计理念也为提高教学质量打开了新的思路;走出校园的社会实践活动,开拓学生眼界,锻炼学生能力。这一系列的变革都在改革开放的浪潮里,伴随上海一期课改的脚步,向着教育现代化前进着。

这一时期,学校也收到来自社会各界的资助与肯定。1995 年 10 月 28 日,学校举办建校 50 周年校庆活动,学区内村和企业集体捐款 28 万余元,个人捐款 6 250 元。学校成立"陈行中学教育奖励基金会"。是年,经区教育局考核评估,被评为行为规范合格学校。1995 年通过区合格初中验收,1996 年题桥中学被区教育局命名为"窗口学校"。1996 年 6 月,"丁仁科先生纪念图书馆"落成典礼在校举行,香港爱国人士、丁仁科的学生范甲及夫人参加图书馆揭牌仪式。范甲捐款 15 万元。图书馆藏书增至 26 000 余册,生均 26 册,超过上海 A 级优秀标准。[②] 这都为学校日后的发展奠定了良好的基础。

第五阶段:深度变革 自信萌芽(1999—2012)

一期课改经历 10 年实践后,1998 年恰逢东南亚金融危机,知识经济初露端倪,科技和经济迅速发展,培养学生的创新精神和实践能力成为教育的当务之急。

---

① 上海市闵行区浦江镇人民政府.陈行镇志[M].上海:上海人民出版社,2019:370.
② 上海市闵行区浦江镇人民政府.陈行镇志[M].上海:上海人民出版社,2019:387.

在这样的背景下,上海与时俱进,在教育部指导下,依据《国家基础教育课程改革纲要》,启动了二期课改。二期课改主要是基于素质教育理论等,对全上海 1 500 多所中小学进行了全面系统的课程与教学改革。二期课改是对一期课改的继承与发展,确立了"以学生发展为本"的基本理念,通过课程为学生提供品德形成和人格发展、潜能开发和认知发展、体育与健身、艺术修养和发展、社会实践等学习经历,为实现让课程适应和促进每一位学生有个性、有差异和可持续地发展,奠定了基础。[①] 1994 年,"新基础教育"研究诞生于上海。创始人叶澜教授将"新基础教育"研究的性质定位为"学校转型性变革问题的理论与实践研究":"以创建'新基础教育'理论和 21 世纪新型学校为显性目标,以改变师生在学校的生存方式为深层目标而展开的一项大型长时段的研究……"她提出"新基础教育"是从"生命"角度,更新教育观念,创建新型学校的一项研究,该研究强调教育的目的在于促进学生健康全面发展,倡导的价值观是培养能主动健康发展的时代新人。课堂过程观改革是"新基础教育"课堂教学改革的核心,强调学生主体,促进学生自主学习、自主发展。[②]

2001 年 9 月,学校加入新基础实验学校行列,以实验教师为代表的师资力量开始学习新的教育理念,以初一年级(4 个班级)为实验对象开启课堂教学改革。学校在校园管理、师资培训、课堂教学改革、丰富校园文化、搞活班级建设等方面开启教育教学全面改革。2002 年两校合并为学校发展提供了更广阔的空间。学校建立了《干部竞聘上岗制度》《新基础实验考核细则》《新基础实验奖励办法》《新基础实验培训机制》等制度,确保实验的有序进行。"微格教学"首次成为课堂教

① 上海市中小学(幼儿园)课程改革委员会. 为每一位学生的终身发展奠基——上海市中小学"二期课改"的探索与实践[J]. 上海教育科研,2011(01):27—30.
② 李政涛. 什么是"新基础教育"研究[J]. 中国教育学刊,2017(06):1—5.

学改革的研究焦点。各教研组基于"微格教学"的研究,从新课导入、课前准备、课堂情境设计、理科实验、课堂小结等多个环节进行课堂教学技能的打磨,关注"如何搞活课堂",打破传统"一言堂",并融入了信息技术的现代教学应用。同期,学校开启了以"艺术"为发展项目的特色班集体的建设,培养了一批"全面发展,个性见长"的优秀学生。2002年10月,学校大课题《特色班集体创建与学生个性发展的探索与研究》列为区级课题。

2006年,学校把"加强师资队伍建设,促进教师专业发展"作为重点发展项目,提出"做学习型教师,创学习型组室"的口号,抓教师学习和专业化培训,并依托教学"四研"活动(即二期课改的"研本、研教、研学、研考"为内容)开展"准确把握教材内容和教学要求、改进教学方法、改善学生的学习习惯、学法指导",以及研究中考命题规律和走向以提高教学针对性的系列研讨。为激活教师的自主发展自觉,学校制定了《青年教师带教制度》、修订了《浦江一中劳动纪律和考勤制度》和《教职工绩效考核办法》,进一步完善《浦江一中事业奖分配方案》,强化"师德为首,业绩为重,注重激励,鼓励合作"的考核原则。

2010年,学校在两轮尚文中学的托管的基础上,以"自主建构式学习"为抓手,开展课堂有效教学的实践探索,倡导基于预习的导学案教学,关注引导学生自主学习,采用小组合作学习,任务分工,精彩展示的模式,让学生自主、超前介入学习活动,教师在此基础上点拨启发,适度拓展,以改变学生的学习方式与教师的教学方式。以"自信作业"为突破口,取消教辅书征订,推行"前滚后翻"式班本化作业。学校实行"全员德育",分析生源特征,提出了"自信教育"工作思路,制定《浦江一中"自信教育"分年级、分阶段的德育目标和实施内容》。2010学年闵行区人民政府教育督导室研究认定:浦江一中2010学年办学水平为A等2级(2011年12月30日)。

从 1945 到 2011 年,从抗战时期的不屈抗争到现代化进程中城镇发展时期的曲折,浦江一中的办学走过了 70 多年的光景,历时五个阶段,探寻出属于自己的文化基因:自信文化。我们珍惜学校历史赋予的宝贵财富,也敢于迎接教育新时代的洗礼,历经多次并校磨合的阵痛,我们厘清了学校文化建设的内在逻辑,形成了自信教育的办学愿景,就"培养自信少年"达成共识,制定了新的学校发展纲要,让所有的师生都清楚成长的方向。我们的自信教育办学之路,受到了社会各界的认可。

第二节　走在文化治校的道路上[①]

学校文化是基于价值观念的共享,对学校的物质、精神进行塑造。文化的生成是一个动态的过程。随着对于学生文化基础、自主发展、社会参与等方面的核心素养的培养,五育并举等的强调,标志着义务教育进入了新的发展阶段,这一阶段的基本特征是高质量发展。在新的阶段,人们对于文化能够在学校建设中起到何种作用,有了新的思考,包括对于文化治校之前提的反思,认为文化是塑造学生学习、生活质量的最关键因素之一;[②]文化是校园精神的氛围的集中体现;[③]文化是学校建设与发展的最高"统帅";[④]文化治校是提升办学品位和转变管理模式的

① 汤林. 文化治校的新思路和新经验[J]. 新课程研究,2021(29):13—14.
② 眭依凡. 论大学校长之文化治校[J]. 清华大学教育研究,2012,33(06):16—24.
③ 赵凯. 文化治校——学校管理的最高境界[J]. 吉林教育,2011(07):108.
④ 屈惠华. 文化治校让每一个学生都出彩[J]. 基础教育参考,2018(24):17—18.

努力方向;①文化治校已成为当今优质教育的新潮流;②文学治校的关键在于校长等,③由此而引发了对于学校文化积淀的重视、校园文化氛围的营造、校长文化素养的提高、树立文化特色、开展更多文化活动、贯彻人文精神等方面的重视,而本文认为,这些都至关重要,但从学校长远的发展角度出发,最重要的是要在文化治校的实践中形成巩固性、长效性的成果,要成为学校发展的指导和纲领,要使文化成为促进学校治理能力和治理水平现代化的主要推动手段。由此出发,文化起码要起到如下几个作用。

一是有助于凝聚共识。文化是凝聚学校共识的最可靠力量,是一个学校办学理念的核心呈现,是核心价值观的外化,它能让学生、教师、家长、社区围绕在自己周围,共同前进。

二是有助于完善教育教学高质量发展规划。高质量发展既是动力也是目标,但是也要转化成为具体的指标,且须贯彻"一切为了学生"的理念,所以这些指标又需能反映学生的学习生活情况,而要制定好这些指标,就必须既要考虑学校的发展现状,又要考虑教育的发展趋势,并进行高度提炼,文化可以帮助完成好这个动作。

三是有助于提升学校品牌价值。"一校一特"是未来办学的发展方向,学校要办得好就必须要办得有特色,文化是品牌输出的窗口,学校没有特色的文化,品牌的价值就无法呈现。

四是有助于营造和谐氛围。文化润物细无声,好的文化既能让学生更加安心

---

① 黄振鸿.以人为本　以文化人　质量强校　特色兴校——农村小学文化治校的实践与探索[J].学园,2017(5):183—184.
② 戚本辉.文化治校点滴谈[J].文学教育(下),2013(12):143.
③ 孟明.中小学文化治校的策略研究[J].现代商贸工业,2012,24(02):218—219.

地学习,也能吸引更多的教师人才,还能够得到社会和家长更多认同,为学校发展赋能。

根据以上四点,浦江一中提出了"大处着眼、小处着手、设计好抓手"的文化治校新型策略和思路,着重将构建自信文化体系作为抓手,撬动教育教学的其他环节,而不是将文化作为一个大概念来抓。因此力量得到更好的集中,特色也更容易形成。自信教育一直以来都是浦江一中的办学特色,围绕自信教育已形成了不少的成果和长效机制。因此围绕自信教育开展,就更有助于凝聚师生的共识,以此来指导学校的发展,更有利于塑造自身品牌,从而营造出更适宜学生成长的文化环境氛围。

一、从外延到内涵:价值认同,凝练学校文化内核

自信是促进学生自主发展的主要内在动力,浦江一中敏锐抓住教育教学的发展方向,摈弃唯分数、唯升学率的教学思维,把更多注意力转到让学生核心素养提升以及全面发展上,总结出最终的着力点在于自信力的提升,因此,在多年教学实践的基础上,凝练出了"自信自主,成人成才"的办学理念,将培养"强体魄、乐生活,有情趣、重行动,会思辨、能创造,有自信、敢担当"的学生作为核心目标。在此之中,充分融入"五育并举"的思想,有自信、敢担当是德育的目标;强体魄、乐生活是体育、劳育的目标;有情趣是美育的目标;而会思辨、能创造则是智育的目标。不仅如此,此理念还融入了由美国教育学家和心理学家加德纳博士提出的多元智能理论,即言语语言智能、数理逻辑智能、视觉空间智能、音乐韵律智能、身体运动智能、人际沟通智能、自我认识智能、自然观察智能,体现了学校着力培养新一代社会主义现代化建设人才的新教育观。浦江一中"自信自主,成人成才"的办学理

念如今已成为学校教育教学的指导思想,贯彻落实在课程改革、教育教学评价等各环节之中,起到了基础性的作用。

有了"自信自主,成人成才"办学理念的指导,浦江一中下一步是要将自信文化融入课程体系设计、课堂教学、行规生涯教育、劳动教育等各环节之中,使其成为促进学生德智体美劳全面发展的不竭动力。自信文化仅仅成为指导理念还不够,还要落细落小落实,要围绕这个中心思想,进行相应的制度建设,特别是在学校教育教学的关键环节上,如此才能谈得上围绕自信文化建设进行学校教育教学的改革和创新,不然就只是附属性的一个动作而已。围绕自信文化进行的制度建设与狭义上学生的自信心培养不同,前者是体制机制的创新,后者属于教育心理学的范畴,前者属于制度性的长效安排,后者属于针对教学日常的实际动作,后者可以补充前者,却不能替代前者。浦江一中围绕自信文化的制度建设,成果主要体现在:设计了一个新的课程体系,课程和文化是紧密相连的,文化造就了课程,决定了课程的文化品质,而课程又为文化的发展和创新提供了保障;开发了新型的自信课堂;开辟了自食其力现代公民的培养路径等,这些成果将在下文具体介绍,在此提及的目的是表明文化制度的建设,可以开出体系、路径、教学方法论等创新成果之花。

二、从分散到联动:内外兼修,涵养学校文化的生态

人是环境的产物,人不能脱离环境,而文化学者又认为,文化是人的生存环境。对于一个学校而言,学生最大的环境就是校园,按照这个观点,校园环境的质量决定了学生的学习、生活质量,即校园文化空间质量决定了学生的学习、生活质量。也许这个观点有些偏激,因为凡事都有内外因,环境只是外因,并不是唯一的

决定力量。但这给了我们一个启示,环境的营造十分重要。基于此,浦江一中以自信文化建设为指导,对校园空间进行了系列的改造。

一是形成了一整套与自信教育契合度、识别度高的视觉系统。包括校服的更新设计、校园楼宇外立面的装饰装修、内部空间设计美学的落实等,无不展现自信文化的内涵,以自信为中介,改变以往空间的区域、界限意义,而是变成教师、学生展现自身创意、想法、理念的公共场所,为教师教学和学生自信心的提升赋能。

二是打造可游、可寓、可互动校园新型空间。通过为校园每一个空间赋予意义,摆设可坐桌椅,打破空间出入限制,更新墙面信息等方式,打造可游玩,寓教于乐;可寓居,静坐交流;可互动,学校精神浸润的新型校园文化空间。

三是植入更多的自信文化内涵。例如,依据"知行合一 自强不息"校训,对校内楼宇、道路重新命名等,其中"知""行""合""自""强""不""息"字分别对应知言楼、行远楼、合衷楼、自臻楼、强毅楼、不厌楼、息息楼等,让"自信自主,成人成才"的自信文化渗透校园空间。通过校名石、华园水景观、图书馆的打造和室内磁性墙面创新,打造"绿色、多元、自主"的理想教室。

四是打造书香校园。仅有视觉系统还不够,应赋予更多的文化内涵,在这一方面,浦江一中把眼光放在中国传统文化上,前文已论述关于在楼宇命名等之中注入传统文化,除此之外,校长和教师的一些诗词歌赋创作、学生的创作作品等都被用作校园空间的装饰,把校园空间变成一个具有活力的创作平台,是这一切动作背后的宗旨。

五是打造理想教室,包括整体空间的设计、座位的安排、标语的选择等。每一处细节都下了功夫,让学生感到轻松,消除压迫感,释放了学生活力,让他们在课堂上更加勇敢。

六是以美国教育学家和心理学家加德纳的多元智能理论为依托,围绕国家基础课程落实,依照上海市中小学基础型、拓展型和探究型课程方案,浦江一中构建范围涵盖 Fitness、Logic、Art、Mind、Exploration 五大领域的课程,并建立了全学科课程群,以培养强体魄、会思辨、有情趣、有自信的学生为目标。自信学科群的构建模式是"1 + X"("1"是以国家基础课程学科知识为核心,"X"是同一学科知识的融合和关联或者是跨学科的同主题内容整合研究的校本化课程),如化学、物理课程,在国家基础课程的培养目标之上,更突出学生数理逻辑能力的养成,通过"生活中的化学""生活中的物理"等进行演练和提高;语文课程融入了"读书节""走进政协"等社会实践之中,突出养成与学生自信力增长相关的语言和社会能力;而艺术审美课程则融入了"生、旦、净、丑演乾坤""音乐之都维也纳"音乐课及"体会线的韵律""变废品为艺术品"美术课等,不一而足。此课程体系的构建,使得学校自信文化体系建设有了很好的依托,同时也保障了文化治校以课程模型的形式,进入到学校教育教学的核心环节,并由于该构建富有一定的科学性,因此可作为学校学生自信力培养的长效机制。

总之,体系化建设让校园的每一个角落都跳动着自信文化的美妙音符。

三、从同质到多元:变教条为生发,激活成长主体参与动机

新的教育形势下,提升教育教学活力是一大任务。活力的提升依赖于顶层的设计,同样也依赖于细节的实施。因此,不仅一校要有一校的文化,要有一校的活力;同样,一个班级也需要有一个班级的文化、活力和特色。浦江一中自信文化体系的建设不仅着眼大局,着重制度设计、校园文化建设等,而且也关注着小的单位。例如,对于班集体甚至一个兴趣小组的关心,注重在这些"小处"也要"玩出花"来。为此,遵从"一班一品"的原则,而不是"一刀切"。每个班级要形成自己的

自信成长信条、打造班级特色活动、营造特有的班级文化氛围,甚至形成自己的文化品牌。自信成长信条结合了德育的要求和学校的办学理念,由师生共同创作完成;班级特色活动、文化氛围的营造也贯彻了学生自信力培养的要求,在此基础之上,针对一个班级有一个班级的特殊情况,一个学生有一个学生的特殊问题,特别是初中生正处于心智半成熟走向成熟的关键期,更需要精心地呵护,所以学校以"一切为了学生"为中心,重在发挥他们的特长,鼓励他们在所擅长的领域进行探索型研究,而规避他们的短处,而由此展现的文化就必然是不同的,因为,每个孩子都是一个独特的个体,独特个体形成的必是一个独特的集体。

行为规范和职业生涯教育是浦江一中围绕学校自信文化体系构建设计的两个特色课程。文化只有最终体现在行为上,才能成果显著、为人所知;文化只有化为心里的沉淀,才能成为学生终身的财富,为此,学校特别提出:行为规范和职业生涯教育的目的,是培养能够自食其力的现代公民,意味着不是学懂弄通相关的道理、做做准备而已,而是要在初中阶段就走向心智的成熟,至少是学会走向成熟。因此,这两大课程的核心是以立德树人,课程结合了"自信自主,成人成才"教育理念,致力于培育自信美少年,前者从"仪式""风采""行规"等入手,关注学生成长细节,夯实学生日常行为规范教育;后者以体验式生涯教育为载体,分年段分不同发展阶段,如六年级"少年军校"、七年级"职业体验"、八年级"走进政协"、九年级"多元单元"等,鼓励学生注重自我设计、追求自我实现、自主思考、为人开明大气、做事勇挑职责。这是学校自信文化体系构建的又一体制机制建设,使学校的教学有了更多实践的内涵,助力学生尽快成长,以免受到了社会不知所措之苦。

课堂是教育教学活动展开的主要场所之一,让课堂气象更新,成为贯彻自信文化的重要场所,是文化治校的重要工作之一。在此过程中,既不能采取强硬的步骤,又要和课堂紧密结合。浦江一中为此发明设计了自信课堂的六字诀,即

"低、小、多、勤、激、赞"，意为在课程中"低起点、小步子、多活动、激兴趣、勤反馈、多赞美"。"低起步""小步子"有助于学生逐步提升，逐步积累，由易到难，从而逐步增强对自己实现预期结果所需行为能力的信念，增强自我效能感；"多活动""感兴趣"有助于进一步激发学生的主体性，使之更主动，更积极探索；"勤反馈""多赞美"让学生的努力得到及时的反馈，护佑好他们的幼小心灵。六字诀对于塑造自信课堂起到了关键性的作用，自实施以来，师生的反馈良好，有效促进了学生自信心的提升，使学生更为活跃，也反向促使教师的教学水平不断提升，教师的教学更富有启发性、更能引导学生去积极探索，由此促进了课堂自信文化氛围变得越来越浓厚，从而达到课堂治理水平提升的目的。

据统计，浦江一中自将自信文化体系构建作为学校治理的重要抓手以来，涌现了越来越多勇于探索、敢于表现并在全国全市各项比赛中取得好成绩的学生。如 2018 年度获奖 436 人次，2019 年度获奖 560 人次，2020 年度获奖 690 人次，涵盖写作、科技、书法、建模、体育、美术等类别，包括全球"环球自然日"4 个一等奖、2 个三等奖、全国奖项 67 项、市级 93 项。其中社团获奖方面，排球社团连续两年区赛夺金；健美操荣获全国啦啦操竞赛公开少年丙组 0 级、1 级规定动作第一名；"绿色创空间"升级为区创新实验室，并获评区优秀；建筑模型社团获全国、市、区级奖项 90 余项；无人机社团有 82 位同学取得了 ASFC 无人机执照，国家级奖项 6 人次，市级奖项 16 人次。书法、绘画社团两年来获区级奖 80 余人次；智能编程社团学生利用开源电子平台 Arduino，结合各种智能硬件，通过图形化编程和 C 语言编程，实现各种创意作品。个人获奖方面，例如，闵晨伟，全国模型制作比赛一等奖；甘子淳，第十七届闵行区青少年"明日科技之星"；徐天远，第 17 届上海市未来工程师大赛一等奖；王梦琪，第三届上海市青少年人工智能创新大赛一等奖；瞿瑜泓，上海市青少年书法篆刻展一等奖、闵行区第五届优秀书法作品一等奖、2020 年莘城杯书法大赛(软笔组)一等奖;陈朱嘉悦,2020年莘城杯书法大赛(硬笔组)一等奖;范诗媛、段思含,闵行区现场绘画一等奖,等等。

　　总之,浦江一中以自信文化体系构建为抓手而进行的文化治校实践,提供了文化引领学校发展的新经验,培养了许多"自信少年",让学校的风气为之一变,也奠定了学校长远发展的基础,形成了人才培养的长效机制。这些都说明了文化不仅是添彩的力量,而且可以作为引领学校发展新方向的核心动能。文化不仅是基于既成经验而进行的总结和提炼,而且也是对于未然经验的一种很好的原动力。文化治校可从根本上塑造一个学校特色,助力品牌打造;文化治校,可以更好地落实新时代新形势下的深化教育教学改革的重任,可以助力培养建设全面现代化接班人。学校文化建设是一个长期的持续性工程,经历内涵凝练、生态联动、多元激发等策略,学校以文化人,以学生成长起点为立足点和出发点,探讨更具有内核地位的学校文化发展命题,无疑具有十分重要的现实意义。未来,浦江一中将沿此道路,继续前行。

第二章

学校课程与自由发展

　　每一个学生都应在学校课程中自由生长，每一位老师都应在学校课程中自觉发展，每一所学校都应在学校课程中升华蜕变。课程是学生的课程，以学生的生活经验、学生的需要和动机、学生的心理特点为基础，构建丰富多元的课程；课程是老师的课程，以老师的专业背景、老师的特长爱好、老师的创新意识为抓手，创设新颖多样的课程，是学校课程发展的实践逻辑。

众所周知,对学校课程变革没有清晰的自我认知,没有推动课程变革的意识和能力,是不可能真正推动学校课程变革的。让一个团队或一所学校认识到变革,并具有推进变革的能力,这是学校课程变革取得成功的必备条件。自主性变革是基于文化自觉的课程变革,其特点是清晰的课程自知、透彻的课程自在、积极的课程自为、深刻的课程自省以及持守的课程自立的统一。①

学校课程变革通过问题诊断、路径设计、实施推进和反思提升,提升课程品质。在实践中,学校采取"自下而上"和"适度引导"的思路,让所有教师明确课程理念和操作要领,鼓励教师积极参与课程变革,逼近学校课程建设之核心,确保课程变革顺利进行。随着学校、教师和学生的发展,学校课程情境也发生了改变,我们需要根据变化的情境对学校课程进行重构与调整,实现学校课程的更新与迭代。

第一节 寻找学校课程发展的突破点

自 2010 年以来,我校提出"自信自主,成人成才"的办学理念,确立了"自信教育"为学校教育哲学,逐渐明晰并坚定了学校的自信教育教学理念。为实现"自信

---

① 杨四耕.自主性变革:走向课程自觉的美好境界[J].中国教育学刊,2020(05):66—70.

教育",我校在学校课程顶层设计、课程建设等方面进行构建和思考,已基本形成一套符合我校学生发展的课程体系。但学校对课程实施中的整体性、融通性、合理性思考还不够到位,拓展型、探究型与基础型课程在培育学生自信上的关系需要进一步厘清。为此,我们通过访谈、问卷调查等方式厘清学校课程建设形成的优势与存在的问题,形成一些有效的改进措施。

一、教师课程意识推动课程建设

学校课程建设和实施,教师是主体。教师的课程意识直接决定了学校课程建设发展的持续力。从我校以及九校(包括上海市实验学校东校、上海市建平中学西校、上海市香山中学、上海市北蔡中学、上海市上南中学北校、上海市泾南中学、上海市浦江一中、上海市浦江三中、上海市曹行中学,简称"九校")问卷调查"教师课程理念的认识与课程施行"显示我校教师在课程建设,尤其是校本课程的开发实施方面教师的认同度远高于九校。"我自己进行课程建设的自觉性不错"和"校本课程的开发实施没有增加我的教学负担"两项中,我校的数据远高于九校的平均数,分别超过了31.8%和25.1%(见表2-1)。

表2-1 教师课程理念的认识与课程施行表

题目\选项	一中		九校		总体差距
	非常符合	比较符合	非常符合	比较符合	
我自己进行课程建设的自觉性不错。	6.00%	50.00%	7.87%	16.33%	-31.8%
校本课程的开发实施没有增加我的教学负担。	10.00%	40.00%	6.35%	18.57%	-25.1%

同时,调查显示仅有29%的教师认为本学科的校本课程关注到学科内容的前沿知识;只有34%的教师参与过学校课程建设规划的制定。这表明,教师对课程

的认知还处于比较初步的阶段,缺乏主动研究课程的意识和信心。因此,提升教师的课程意识,发挥教师课程建设的主体性,是学校课程建设中至关重要的一点。

二、学生需求促进完善课程建设

学校的课程设置一定要以学生的需求发展为根本。尊重学生生命的多元性和生动性,关注学生的成长与发展,鼓励学生参与自我的课程决策,在成长过程中发现自己、肯定自己,让每一个孩子自信满满地走向未来。从九校的调查数据中显示,我校学生选择"根据自己的兴趣爱好,在学校提供的课程时,完全由自己独立来选课""让自己的特长得到发展"和"培养自己广泛的兴趣爱好"的比例要高于九校,说明我校学生渴望有更大的课程选择自主性,并且对课程的学习目的更加清晰,这无疑也对于新中考改革背景下的我校课程建设提出了更高的要求(见表2-2)。

表2-2　学生校本课程需求调查表

问题	选项	一中	九校
4. 对于学校开设的校本课程,如果你来选课,你希望(单选):	A. 根据自己的兴趣爱好,在学校提供的课程里,完全由自己独立来选课	67.43%	64.41%
	B. 由学校提供必选课程和自己选课相结合	22.33%	27.19%
	C. 相信学校和班主任,由他们来帮我安排学习什么课程	8.25%	6.44%
	D. 无所谓上什么	1.99%	1.96%
6. 你希望通过校本课程的学习达到什么目的?(可多选)	A. 让自己的特长得到发展	80.94%	79.93%
	B. 培养自己广泛的兴趣爱好	86.06%	84.02%
	C. 拓展知识,增长能力	77.1%	79.07%
	D. 提升学习成绩	53.2%	46.16%
	E. 随便玩玩	4.55%	5.98%

但同时从问卷的"学生校本课程参与率"一项的数据中看出,由于我校的课程设置原因,我校学生每周参与1节校本课程或没有参加校本课程的比例占总学生数的62.02%,比九校高15.54%。一中有一半以上的学生每周只参加1节校本课程的学习,参加2节或2节以上的比例低于九校的数据(见表2-3)。

表2-3 学生校本课程参与率表

一中				九校			
没有	1节	2节	2节以上	没有	1节	2节	2节以上
10.38%	51.64%	14.65%	23.33%	7.65%	38.83%	27.97%	25.55%

因此,完善学校三类课程建设,满足学生的不同需求、拓宽学生的成长空间是我校课程建设的关键。

三、教师成长保障课程持续发展

一支优秀的教师团队是学校持续发展的原动力。我校的师资队伍在不断发展,教师梯度也在不断优化。学校行政班子有较强的使命感,学校教师队伍整体年轻化、素质良好。目前,学校中高级以上职称的教师占比达55%,其中高级职称教师14人。专任教师平均年龄37岁,35岁以下的中青年教师占50%左右。硕士研究生学历的占比方面,一中超九校17.99%,是九校平均数的2倍多(见表2-4)。

表2-4 学校教师学历教龄表

	硕士	工作6年以下	30岁以下	50岁以上
一中	34.21%	42.11%	36.84%	15.79%
九校	16.22%	24.09%	21.86%	19.51%
差距	−17.99%	−18.02%	−14.98%	3.72%

此外,学校教师学科专业能力较强,语文、英语教师有古诗文吟诵、课本剧编排等特长,理化、体育教师有编排体育舞蹈等特长,美术老师有软硬笔书法、水彩、油画等特长,科技老师有制作航模、智能编程、无人机操控等特长,也有部分老师涉及跨学科研究。

但同时我校年轻教师偏多。大多数教师在校本课程的开发实施工作方面有热情但没有经验,处于较被动的状态。学校的研究工作一般都偏重于教师的学科专业知识技能和教育知识技能的再学习与再提高,在帮助教师优化课程开发过程、有效实现课程目标等方面所做甚少。学校需要加强教师校本课程研究的培养,提升教师课程开发的能力,以提升学校校本课程的质量和生命力。

基于以上问题的诊断和分析,我校在正确分析学校的优势、劣势以及学校发展方向的基础上,寻找学校课程发展的突破点,充分调动全体教师的积极性,强化课程管理,以学校办学理念为引领,完善学校三类课程建设,满足学生不同的需求、拓宽学生的成长空间,同时促进学校的内涵发展。

第二节　提炼学校课程哲学的聚焦点

学校课程哲学是一所学校课程建设的价值追求。有学者认为,教育哲学要从超越的角度来回答"教育是什么"之类的元问题,具有一般性和根本性,不是某一侧面的、具体的哲学,其任务是更新人们的理解方式,获得对教育意义的新表达。[①]

---

① 周浩波.教育哲学[M].北京:人民教育出版社,2000:8—9.

学校课程哲学是学校课程变革的灵魂,贯穿于学校课程变革之始终,对学校课程建设有直接的指导作用。独特的学校课程哲学有利于凸显学校课程模式的个性,有利于凸显学校课程变革的独特价值追求,有利于张扬学校课程理念的文化内涵。就方法论而言,学校课程哲学的生成要有对课程自在处境的清晰认知,包括研究学校的历史和课程发展现状,进而把握学校教育哲学和办学理念,在此基础上进行必要的逻辑演绎与深度推理,以使学校教育哲学、办学理念与课程理念在逻辑上内在相联。①

一、确立学校课程哲学

我校的教育哲学是"自信教育",我们的办学理念是"自信自主,成人成才",我们期待,每一个孩子阳光自信,做最好的自己。我们坚信,每一个孩子都是一颗自信的种子;每一颗种子的未来都潜力无限,给予他们足够的空间和充足的养分,他们一定可以自信成长、自由生长;学校是自信生长的乐园,在这个空间里有着充足的阳光、充沛的土壤,这里是每一个孩子自我发展的乐园;学校的教育是滋养学生自信的活动,自信教育就是要提供丰富多元的教育,让每一个孩子都能找到自我发展的平台;学校的每一位教师都是孩子自信成长的引路人,在老师们的引领下,孩子们能够更好地找到自我发展的方向。

我们的教育会积极实现自信课程的建设,充分体会学生生命的多元性和生动性,鼓励学生参与自我的课程决策,让每一个学生都能根据自己的特点选择适合自己或感兴趣的课程,在成长过程中发现自己、肯定自己,帮助他们在实践中锤炼

---

① 杨四耕.自主性变革:走向课程自觉的美好境界[J].中国教育学刊,2020(05):66—70.

"思辨、挑战、坚持"的自信品质,由此我们提出"自信教育"的哲学,并确立课程理念是"让每一个孩子自信满满地走向未来",其内涵如下。

一是课程即内在成长。课程在本质上是一种教学事件,学生作为事件发生的主体参与其中,去感受、去体验、去思考、去交流、去探索,经历的过程或是失败的、成功的,每次经历的过程都是内在生长的过程,不管是显著生长还是缓慢生长,只要积极参与课程活动,一定会助力生命的内在成长。

二是课程即个性成长。课程满足每个孩子的个性需求,滋养每个孩子的个性生长。不同的课程内容为孩子们提供不同的营养,满足不同生命的成长需求。科学合理的课程设置为孩子们提供符合个性需求的成长土壤,使每一位孩子在多样化的课程学习中获得自我的成长。

三是课程即发展方向。社会的发展需要个性化人才,国家课程的校本化实施与学校特色课程的开发为培养个性化人才提供了可能和保障,丰富的学校课程,给了孩子们自由选择的空间,给了他们自我发展的平台,满足孩子们的发展需求,帮助他们朝着自我预期自信满满地前行。

因此,我们将建设多元的课程体系,培育每一颗自信的种子,帮助学生积蓄自我成长的力量;提供每一个孩子学习的舞台,激发孩子的自信火花,让每一个孩子自信满满地走向未来。

二、提出学校课程目标

课程是学校教育的主要载体,是实现育人目标的主要方式与途径。我们基于学校"自信自主,成人成才"的办学理念和"自信教育"的教育哲学,确立学校的育人目标。

我校致力于培养"强体魄、乐生活,有情趣、重行动,会思辨,能创造,有自信、敢担当"的自信满满的人。

——强体魄、乐生活。我们希望培养拥有健康体魄、积极心态的学生,热爱生活,善于发现生活的美好。

——有情趣、重行动。我们希望培养善于欣赏,发展特长的学生,乐于体验生活情趣。

——会思辨、能创造。我们希望培养知其然、知其所以然的学生,善于思辨,勇于创新,付诸实践。

——有自信、敢担当。我们希望培养相信自己,超越自我的学生,敢于承担责任不退缩。

我们进一步将学校育人目标细化成年级目标,建构学校课程目标(见表2-5)。

表2-5 上海市闵行区浦江第一中学课程目标表

目标	强体魄,乐生活	有情趣,重行动	会思辨,能创造	有自信,敢担当
六年级	和同学友好相处,认识新环境新集体,积极融入初中生活;参与体育活动,通过广播操、啦啦操等形式感受运动带给自己的乐趣。	初步了解和探索艺术和科学等活动。对学校课程有着美好的向往。	热爱学习,有求知欲;养成动脑思考的习惯;对创新有基本的认识,在生活和学习中对创新有所发现。	认真学习,养成自主学习的好习惯;养成动脑思考的习惯,形成自己的见解;了解遵守学校的规章制度,形成自我管理的习惯。
七年级	爱护同学,感恩父母,热爱自己的班集体;形成参与运动的爱好,形成积极、主动的生活态度;珍惜并善待周围环境中的自然事物,形成人与自然和谐相处的意识。	积极参与艺术等活动,感受艺术等给自己生活带来的乐趣,初步形成自己的兴趣。	积极思考,发现知识间多方面的联系;大胆提问,能够提出有一定深度的问题,并探究解答。形成自己的思考和见解。	热爱学习,自己的事情自己做;体谅父母辛苦,主动与父母沟通;学会与人进行有效沟通;对自己有自信,能独立思考,并表达自己的感受。

八年级	学会积极与他人合作，懂得对他人表示感谢，有学校归属感；积极参加体育活动，保持参与运动的兴趣和坚持运动的习惯，保持愉快的心情。	将对艺术等活动的兴趣培养成自己高雅的情趣。发展一门自己喜欢的艺术特长。	积极参加各类科技创新活动，不断提升自我的思辨和创新能力，发展辩证的科学精神。	辩证地思考问题，尽可能多地寻找解决问题的方法，学习比较全面客观地看待社会生活中发生的问题。思考和探索自己的发展目标。
九年级	形成灵敏、力量、耐力、协调等身体素质，动作更协调；保持参与运动的习惯，形成开朗大方、坚强自信的性格。爱学校，爱祖国，感恩社会，并将其转化成学习和前进的动力。	保持参与艺术活动的爱好和习惯。发挥自己的特长，体验生活的情趣。	热爱学习，坚持学习，实事求是，言必信，虚心接受别人的批评，坦然承认自己的不足，有主见，敢于发表自己的观点和看法。	保持浓厚的学习兴趣，具有学习的责任感；自信地接受自己的优缺点；对社会和生活问题，积极主动表达自己的观点，形成社会责任感。

三、梳理学校课程逻辑

为进一步加强课程规划顶层设计的科学性、引领性，厘清课程元素之间的逻辑关系，使课程成为上承教育哲学、下启育人目标的载体，构建学校整体课程体系，激发学生的自信火花。

我们在系统规划课程、整合重组的基础上，树立学校课程逻辑，形成具有学校特色的"FLAME课程"体系。学校课程逻辑见图2-1。

根据上述学校课程逻辑图，按照上海市中小学课程方案，我们从加德纳多元智能理论角度，将"FLAME课程"横向分为五个课程：Fitness：构建学习生活的基础——身心健康课程；Logic：启发逻辑思维的火花——数理逻辑课程；Art：培养艺术鉴赏的基地——艺术审美课程；Mind：思考社会真谛的平台——语言与社会课程；Exploration：探索大千世界的奥秘——探索实践课程（见图2-2）。

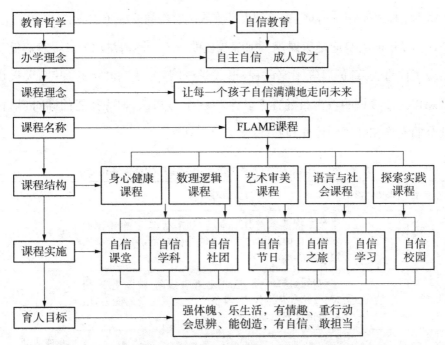

图 2-1　上海市闵行区浦江第一中学"FLAME 课程"体系逻辑图

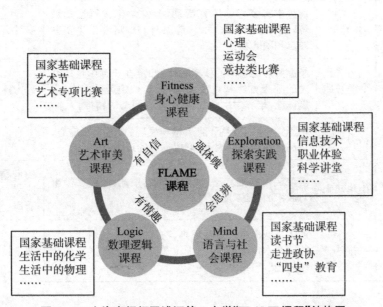

图 2-2　上海市闵行区浦江第一中学"FLAME 课程"结构图

根据学校课程结构图,对于每个课程,我们都有详细的设置,有对应的目标和内容。

(一) Fitness:身心健康课程。围绕我校的育人目标,我校 Fitness 身心健康课程结合了体育、心理健康等国家课程,形成学校"强体魄"和"优心理"两大板块的拓展课程。该板块的教学目的在于让学生在学习知识、训练技能的同时,培育他们健全的人格和健康的体魄和心理(见表 2-6)。

表 2-6　上海市闵行区浦江第一中学身心健康课程设置表

年级	学期	课程名称	学习目标	课程内容
六年级	上学期	中华武术	学生掌握武术部分基本功、基本动作;了解中国武术的文化内涵及武术的道德礼仪规范,为提升个人道德素养奠定基础。	基本功 基本动作
		排球	了解排球运动的一般知识、竞赛规则,掌握垫球、传球、发球等基本技术,具备一般观赏比赛的能力,培养对排球的运动兴趣。	规则 基本技能
		阳光心理	使学生悦纳青春期的自我成长;加深自我认知。	心理活动 案例分析
		体育节	通过丰富多彩的体育活动,激发学生进行运动锻炼,使其强健体魄,培养健康身心。培养学生坚韧意志和团队精神。	多种运动项目
		冬季长跑	掌握并运用正确的技术动作,知道在长跑中运用合理的呼吸方法和呼吸节奏,提高长跑运动能力,发展体能,培养学生顽强拼搏、吃苦耐劳的精神。	耐力跑
		活力啦啦	培养学生的节奏感、韵律感和表现力,增强自信心。提高合作性与凝聚力,形成良好的审美意识。	啦啦操
	下学期	中华武术	学习武术基础套路、武术攻防实用动作;激发学生对武术的兴趣,促进身心和谐发展。	武术基础套路、武术攻防实用动作
		排球	训练排球运动的竞赛规则,熟练掌握垫球、传球、发球等基本技术,具备初步比赛的能力。养成团队合作和进取精神。	基本技能

年级	学期	课程名称	学习目标	课程内容
七年级		活力踢跳	增强学生体质,丰富校园文化,提高运动能力,增强运动兴趣,提高集体凝聚力。	踢跳比赛
		趣味活动赛	通过绑腿接力、背夹球接力、拔河等轻松活泼的趣味活动,激发学生的运动热情,培养学生团结拼搏的精神,增强集体荣誉感,形成良好的运动习惯。	趣味体育活动
		阳光心理	使学生融入集体,相互协作;在集体活动中,获得自我价值体现。	心理活动案例分析
	上学期	围棋	掌握围棋基本规则,培养逻辑思维能力、观察力和计算能力。	规则基本技能
		排球	训练排球运动的竞赛规则,熟练掌握垫球、传球、发球等基本技术,初步具备比赛的能力。养成团队合作能力和进取精神。	技能技巧
		乒乓球	了解乒乓球的基本规则和技能,训练发球的技巧;初步培养和发展学生对乒乓球的兴趣。	规则基本技能
		体育节	通过多项体育活动,激发广大学生在积极参与中强健体魄,培养健康身心。用爱集体、爱学校的责任意识鼓励一中学子在奋勇拼搏、不断超越中培养坚韧意志和团队精神。	广播操比赛运动会
		冬季长跑	提高长跑运动能力,发展体能,提高有氧代谢能力,培养学生顽强拼搏、吃苦耐劳的精神。	耐力跑
		阳光心理	掌握人际交往技能,发展良好的人际关系。	心理活动案例分析
	下学期	乒乓球	了解乒乓球的基本规则和技能,训练发球的技巧;初步培养和发展学生对乒乓球的兴趣。	基本技能技巧
		排球	训练排球运动的竞赛规则,熟练掌握垫球、传球、发球等基本技术,具备初步比赛的能力。养成团队合作和进取精神。	技能技巧
		围棋	熟练掌握围棋技能,培养逻辑思维能力、观察力和计算能力。	围棋技能技巧小组 PK 赛

年级	学期	课程名称	学习目标	课程内容
		活力踢跳	增强学生体质,丰富校园文化,提高运动能力,增强运动兴趣,提高集体凝聚力。	踢跳比赛
		"炫能杯"篮球赛	提高篮球技能水平和参与锻炼的积极性,增强班级凝聚力,培养合作和竞争的意识。	篮球比赛
八年级	上学期	乒乓球	掌握乒乓球的技能,培养乒乓球技巧;不断发展学生对乒乓球的兴趣。	技能 技巧
		排球	了解排球运动的竞赛规则,熟练掌握垫球、传球、发球等技术,具备比赛的能力;养成团队合作和进取精神。	技能 技巧 校内比赛
		体育节	通过丰富多彩的活动,激发广大学生在积极参与中强健体魄,培养健康身心。以爱学校、爱集体的责任意识鼓励一中学子在奋勇拼搏、不断超越中培养坚韧意志和团队精神。	广播操比赛 运动会
		冬季长跑	提高长跑运动能力,发展体能,提高有氧代谢能力,培养学生顽强拼搏、吃苦耐劳的精神。	耐力跑
		"脑力大比拼"围棋比赛	激发学生参与围棋活动的兴趣,以棋益智,以棋养性,以棋交友。培养学生的逻辑思维能力与兴趣爱好,提高学生的综合素质。	围棋技巧 校内比赛
		阳光心理	懂得挫折是人生必有的经历,引导学生积极乐观地应对挫折。	案例分析 拓展活动
	下学期	乒乓球	掌握乒乓球的技能,提升乒乓球技巧;培养学生乒乓球特长。	技能 校内比赛
		活力踢跳	增强学生体质,丰富校园文化,提高运动能力,增强运动兴趣,提高集体凝聚力。	踢跳比赛
		"达人杯"排球赛	提高速度、力量、弹跳、战术运用的综合运动能力。在比赛中感受互帮互助、团结协作等合作精神和学习行为,增强班级意识和凝聚力。	排球比赛
		"武者杯"武术比赛	提高学生武术实际应用能力,培养勇猛顽强、积极进取、崇尚武德的优良品质,引发对我国传统文化的探究兴趣。	武术比赛

年级	学期	课程名称	学习目标	课程内容
九年级	上学期	体育节	通过丰富多彩的活动,激发广大学生在积极参与中强健体魄,培养健康身心。用爱集体、爱学校的责任意识鼓励一中学子在奋勇拼搏、不断超越中培养坚韧意志和团队精神。	广播操比赛运动会
		"激情四射"杯	提高学生的篮球技能,培养学生的组织管理能力,同时提高学生的交往能力、合作能力。在运动中感受乐趣,体验成功的喜悦。	篮球比赛
		冬季长跑	掌握并运用正确的技术动作,运用合理的呼吸方法和呼吸节奏,提高长跑运动能力,发展体能,提高有氧代谢能力,培养学生顽强拼搏、吃苦耐劳的精神。	耐力跑
		阳光心理	学会应对挫折的技巧和方法,树立正确的人生观和价值观。	故事启迪案例分析
	下学期	活力踢跳	增强学生体质,丰富校园文化,提高运动能力,增强运动兴趣,提高集体凝聚力。	踢跳比赛

（二）Logic:数理逻辑课程。我校 Logic 数理逻辑课程整合了数学、物理、化学等国家课程,设置数理逻辑系列课程,以培养学生的逻辑思维能力(见表2-7)。

表2-7　上海市闵行区浦江第一中学数理逻辑课程设置表

年级	学期	课程名称	学习目标	具体课程内容
六年级	上学期	数学名人史	了解历史上著名的数学名人;了解著名的数学理论;了解学习数学背后的故事。	数学名人的故事
		日历中的数学	在小学的计算能力基础上进行巩固强化;通过游戏等竞争的方式初步建立学生的数学兴趣;为后面的数式运算打下扎实的基础。	数与代数
	下学期	模拟银行	通过走进实体银行,或者模拟银行的活动形式,熟悉简单的金融基础知识;培养学生的表达能力和金融思想,体现数学服务于生活的思想。	数与代数

年级	学期	课程名称	学习目标	具体课程内容
		生活中的圆	结合探究课学习生活中的圆以及探寻画圆的方法;通过小组合作、探索的方式学习圆的相关知识点以及圆的生活用处,体会数学来源于生活的思想。	探究圆的认识
七年级	上学期	数独的奥妙	了解数独的规则,学会解决数独,培养学生观察和推理的思维能力。	九宫数独
		生活中的物理	通过对生活中物理现象的观察,探究物理基本知识,形成对物理问题研究的初步思路,激发对物理课程的兴趣。	长度、质量、时间的测量声音的产生传播特征光的反射和折射
		特色综合实践课程	结合探究课、创新实验室等多种方式融入数学元素,呈现剪纸、数学名人故事小品、3D打印等艺术形式;通过跨学科结合的方式,展示数学的魅力,并且拓展数学与学科的广泛联系。	跨学科数学元素作品
	下学期	生活中的物理	通过对生活中物理现象的观察,探究运动、重力等在生活中的实际应用。	透镜成像、运动、力、重力、摩擦力、二力平衡、牛顿第一定律等
八年级	上学期	生活中的物理	通过物理实验,了解自然界多种多样的力、声和光;了解相互作用规律及其在生产、生活中的应用。	声音光学力
		生活中的化学	充分发挥化学知识的载体作用,激发学习化学的兴趣;体验化学与技术、社会、环境之间的关系。	追根溯源话化学、有兴趣的化学实验世界、神秘的火、神乎其神的空气
	下学期	生活的物理	通过物理实验,探究机械与功、热与能在实际生活中的应用;培养运用物理思维观察生活,解决物理问题的能力。	机械与功、热与能
		生活中的化学	培养探索物质奥秘的方法,为形成科学观念、启迪科学思维、增强科学探究能力奠定基础。培养个性特长,激发主体意识。	揭开食品防腐剂的面纱、神奇的水、奇妙的洗涤用品、生活中的科学小常识
		特色综合实践课程	以活动的形式开展函数学习,更能让学生理解函数,初步体会函数思想。	"你编我答"数学赛题

年级	学期	课程名称	学习目标	具体课程内容
九年级	上学期	神奇的电	通过物理实验和探究,了解电的相关内容,探究物理学在实际生活中的广泛应用;激发进一步探究物理学的兴趣。	压力、压强、电路
		我的实验室	通过化学实验了解化学物质的构成、变化;学会记录实验中的数据变化,分析问题。	化学与生活:化学实验活动
	下学期	生活中的数学建模	在学习了统计知识的基础上,利用数学建模体会它能使生活中解决问题的决策方案最优化。体现学生的建模思想和数学的综合运用,充分体现数学服务于生活的思想。	利用数学建模体会生活中的问题
		生活的物理	通过实验操作,了解电能等知识,知道简单的数据记录和处理方法,会用简单图表等描述实验结果,会写简单的实验报告。	电能与磁、原子与星系
		我的实验室	通过实验操作,分析生活中出现的化学现象;关心与化学有关的社会问题,初步形成保护环境及合理使用自然资源的意识和社会责任感。	化学与生活化学实验活动

（三）Art:艺术审美课程。我校 Art 艺术审美课程整合美术音乐等国家课程,开设多样拓展课程,强调培养学生艺术情趣、提高审美品位(见表2-8)。

表2-8　上海市闵行区浦江第一中学艺术审美课程表

年级	学期	课程名称	学习目标	具体课程内容
六年级	上学期	校艺术节（音乐）	能够主动参与综合性艺术表演活动,主动参加校级及以上音乐活动,并能同他人进行音乐交流。	班唱比赛器乐大赛声乐大赛才艺大赛
		校艺术节（美术）	继承和发扬中华民族的优良传统文化,增进学生对国画的理解和热爱,培养学生国画特长爱好,提高学生的国画能力。	"国之韵"国画比赛
		校艺术节（书法）	继承和发扬中华民族的优良传统文化,增进学生对书法的理解和热爱,培养学生书法特长爱好,提高学生书法修养。	书法比赛

年级	学期	课程名称	学习目标	具体课程内容
		特色课程	音乐综合能力培养,美术综合能力培养,艺术类(音乐)特长生能力提高。	热力街舞 合唱 国画 水彩画 书法
	下学期	校科技节(美术)	结合美术专业基础课程的学习,对标志的理论和设计实践进行整体的学习和研究,掌握标志设计的一般规律和表现手法,重在激发学生的创意。	标志设计比赛
		艺术节单项比赛	发展自身艺术特长,在活动中展示艺术才能;在活动中体验成功感。	动漫比赛 工艺比赛 泥塑比赛 书法比赛
		特色课程	音乐综合能力培养;美术综合能力培养;艺术类(音乐)特长生能力提高。	热力街舞 特色乐队 合唱 国画 水彩画 国粹书法
七年级	上学期	校艺术节(音乐)	能够自信、有表情地参与音乐艺术表演活动;能同他人进行音乐交流;在活动中发展自信,体验成功。	器乐大赛 声乐大赛 才艺大赛
		校艺术节(美术)	学习更多的美术专项知识,在创作中展现自己的个性特征,独立思考和完成自己的作品,进一步发展自己的美术特长。	设计我的房间
		校艺术节(书法)	增进对书法的理解和热爱,学习同伴的长处,进一步形成自己的书法风格,提高书法修养。	书法比赛
		特色课程	音乐综合能力培养;美术综合能力培养;艺术类(音乐)特长生能力提高。	热力街舞 特色乐队 合唱 国画 水彩画 书法

年级	学期	课程名称	学习目标	具体课程内容
八年级	下学期	区级及以上艺术类比赛、演出(音乐)	根据活动的主题,通过不断的思考和练习,准确地表达作品的思想,提升自身的音乐能力。	区级艺术单项比赛 区级学生艺术社团比赛 "六一"活动展演 音乐节活动
		校科技节(美术)	根据主题,思考美术和科技的关系,善于发现,独立创作美术作品,准确表达主题意义;进一步提升创新思维能力和综合能力。	科幻画
		闵行区艺术节单项比赛(美术、书法)	根据活动的主题,通过不断的思考和练习,准确地表达作品的思想,提升自身的美术和书法能力。	动漫比赛 工艺比赛 泥塑比赛 书法比赛
		特色课程	音乐综合能力培养;美术综合能力培养;艺术类(音乐)特长生能力提高。	热力街舞 特色乐队 合唱 国画 水彩画 书法
八年级	上学期	音乐鉴赏	学习和品鉴经典音乐作品;保持对音乐的兴趣,使学生乐于参与音乐活动;培养听觉与视觉的联觉能力。	视听、赏析艺术作品
		美术鉴赏	在多种美术实践活动中能坚持发展对美术的兴趣爱好,初步掌握不同艺术门类的表现与欣赏方面的常识,初步掌握艺术欣赏的基本方法。	走进象形文字 亲近陶瓷艺术 感受石头魅力 纸的利用与装饰 肌理与材料 漫画与生活
		校艺术节(音乐)	根据活动的主题,通过不断的思考和练习,准确地表达作品的思想,提升自身的音乐能力。	器乐大赛 声乐大赛 才艺大赛
		校艺术节(美术)	通过绘画脸谱了解中国国粹,在不同材质上进行脸谱创作,体验不同材质质感的异同,传承传统文化。	绘画脸谱

年级	学期	课程名称	学习目标	具体课程内容
	下学期	音乐鉴赏	增强对艺术作品的理解力。 培养音乐表现的能力。 培养艺术想象和创造力。 培养乐观的态度和友爱精神。	探究艺术作品的概念
		美术鉴赏	学会美术欣赏,并感受内容。进行跨学科学习,拓宽学科内容。培养美术探究和实践的能力。	自我形象设计 校园展览会 我们的小剧场 CIS形象塑造 学习活动空间设计
		区级及以上艺术类比赛、演出(音乐)	根据活动的主题,通过不断的思考和练习,准确地表达作品的思想,提升自身的音乐能力。	区级学生艺术单项比赛 区级学生艺术社团比赛 六一活动展演 街道音乐节等演出
		校科技节(美术)	在服装设计的过程中了解不同服装的作用与设计要点,进一步发展自身美术的特长,将美术和设计与生活紧密联系,增强对美术的热爱。	服装设计
		闵行区艺术节单项比赛(美术、书法)	根据活动的主题,通过不断的思考和练习,准确地表达作品的思想,提升自身的美术和书法能力。	动漫比赛 工艺比赛 泥塑比赛 书法比赛
九年级	上学期	音乐鉴赏	提高音乐感受与评价鉴赏的能力,增进对音乐的兴趣,挖掘自身音乐的能力;拓展多元艺术的涉猎范围。	视听、赏析多元艺术种类
		美术鉴赏	坚持美术兴趣爱好,学会选择一定的艺术载体进行美术表现,能逐步感悟各艺术门类之间的异同。	都市印象 街区剪影 门的故事 城市园林 文化风景线 城市艺术活动

年级	学期	课程名称	学习目标	具体课程内容
		校艺术节（音乐）	根据活动的主题，通过不断的思考和练习，准确地表达作品的思想，提升自身的音乐能力。	器乐大赛 声乐大赛 才艺大赛
	下学期	音乐鉴赏	丰富和提高艺术想象和创造力；培养丰富的生活情趣和乐观的态度，增进群体意识，锻炼合作与协调能力；提高对音乐作品的创作力。	合作、创编艺术作品
		美术鉴赏	培养发现在生活的不同领域中美术的表现，根据一定的设计要求，装饰并美化生活，主动拓展艺术视野。	各种布局展现 远近空间创造 独特色彩表达 化石头和泥土为生命 见证历史的柱子

（四）Mind：语言与社会课程。我校的语言与社会课程结合语文、道法等课程，设置了多样的拓展课程，强调广泛阅读，培养学生正确的社会意识（见表2-9）。

表2-9　上海市闵行区浦江第一中学语言与社会课程表

年级	学期	课程名称	学习目标	具体课程内容
六年级	上学期	趣味汉字	初步了解汉字的造字规律，了解汉字的起源、发展和演变，从而熟练掌握和灵活运用汉字，体味汉字文化丰富有趣的魅力，增强热爱祖国语言的情感。	造字规律 汉字的起源、发展和演变
		我和朋友	通过案例分析，懂得认识自己，悦纳自己；认识到友谊的本质，感受到友谊的力量和美好。	认识自己 智慧交友
		口语100	根据所给的情景，用英语进行表达，提升英语表达能力。	口语交际
		整本书阅读	通过经典英语书目阅读，激发英语阅读的兴趣，提升阅读的能力。	整本书阅读

年级	学期	课程名称	学习目标	具体课程内容
七年级	下学期	读书节	在活动中,锻炼语言运用能力、情感表达能力、大胆想象能力,培养会观察、勤思考、乐表达、善创造的能力。	汉字达人比赛 经典诗词吟诵 经典阅读 书法艺术 书签制作 名家进校园 课本剧编演
		韵味阅读	扩大阅读面,提升阅读品位,培养广泛的阅读兴趣与思维能力;提高审美情趣、鉴赏能力。	经典阅读
		口语100	根据所给的情景,用英语进行表达,提升英语表达能力。	口语交际
		我和我家	了解家风是什么,体会家风的重要性,增进对家风家训的理解;感受生命的丰富和力量,认同生命的价值。	家风万年传
	上学期	韵味阅读	走进经典,提高阅读品位,热爱中华优秀传统文化;初步理解、鉴赏文学作品;发展个性,丰富自己的精神世界。	韵味阅读
		阅读新思维	学会欣赏英语文学作品,爱上英语阅读,培养英语思维能力。	英语阅读
		榜样正青年	体会青春的美好和可贵,珍惜青春,树立自信、自强、自尊、自爱的青春态度;增强公民意识和法治观念。	案例分析
		历史那些事	知道中国古代的一些重要历史人物、历史事件和历史现象,了解中国古代历史发展的基本线索。	中国古代历史
	下学期	读书节	锻炼在公众场合演讲、辩论等语言表达能力;激发阅读热情,让语文学习成为一种习惯,融入学生的生活;培养学生的审美能力、鉴赏能力、创造能力、自我展示能力,激发学生的文化传承意识。	经典阅读 经典诗词吟诵 书法艺术 课本剧编演 辩论能手 我的佳作 影评分享

年级	学期	课程名称	学习目标	具体课程内容
八年级		妙味练笔	能抓住细节描写,围绕中心选材,做到文从字顺、语言精练明了;珍视个人独特感受,重视自我表达和与人交流。	语文写作
		阅读新思维	学会欣赏英语文学作品,爱上英语阅读,培养英语思维能力;基本掌握英语写作的技巧;写出具有可读性的文字。	英语阅读
		历史那些事	学习中国近代史,继承和发扬先辈的爱国主义精神,树立民族自信心和振兴中华的历史责任感,热爱社会主义祖国。	中国近代史
		我与集体	了解美好集体的建设阶段,加强合作能力,增强责任意识,树立大局意识;热爱集体,培育主人翁意识,自觉为集体作出贡献。	如何在集体中正确相处
	上学期	妙味练笔	在阅读中学会独立思考,注重情感体验,有丰富的积累,形成良好的语感;能抓住细节描写,表达自己的真实感悟;抓住事物的典型特征,表达得体、准确。	语文写作
		阅读新思维	掌握对应的阅读技巧,学会阅读,热爱阅读,形成高阶层的阅读思维。	英语阅读
		历史那些事	了解中国现代史的重要历史人物、历史事件、历史现象和历史发展的基本线索;能从社会的不断进步和发展中体会到必须坚持中国共产党的领导,走中国特色社会主义道路的信念。	中国现代史
		我与社会	明确走进、认识、理解和参与社会生活是中学生成长、学会负责任的必经之路;自觉参与社会生活,积极促进社会化。	培养规则意识,培育道德品质,弘扬法治精神
	下学期	读书节	帮助学生在阅读中认识世界、发展思维、积累语感、体验情感;乐于参与讨论与交流,敢于发表自己的见解;在创作与表演中,提高语言表达能力、人际交往能力、想象力、思维能力。	阅读《傅雷家书》,给家长写一封信 经典诗词吟诵 课本剧编演 辩论能手 超级演说家 心语心愿

年级	学期	课程名称	学习目标	具体课程内容
		妙味练笔	发挥想象和联想,并根据表达需要,乐于表达自己的所思所想。	语文写作
		妙笔生花	掌握相应的写作技巧,能够顺利地用英语写出完整的英语文章。	英语写作
		历史那些事	了解世界近现代史发展的基本进程和总趋势;增强国际意识,以开放的心态和开阔的视野看待世界;树立热爱和平的观念和忧患意识,增强社会责任感和历史使命感。	世界近代史
		我与宪法	理解宪法是国家的根本大法,了解公民的权利与义务;恪守宪法原则,树立宪法意识,认同宪法价值,坚持宪法至上。	宪法知识
		走进政协	在社会调查实践中,培养思辨创新、团队合作等综合能力,丰富社会职业体验;提升社会责任感,培育参政议政的公民意识。	政协理论学习 社会调查方法学习 开展实证研究 撰写提案报告
		团课	通过团知识学习,认识和理解团的意义,提高团员政治素养和思想品质;发挥共青团的先锋模范带头作用。	入团第一课 走近共青团 我是中国人 共青团的光荣历史 团徽闪闪伴我行 光荣啊!中国共青团 加入共青团!我准备着 青春的宣言
九年级	上学期	韵味阅读	能够区分写实作品和虚构作品,了解诗歌、散文、小说、戏剧等纯文学样式。欣赏文学作品,有自己的情感体验,初步领悟作品的内涵。	阅读学习
		妙笔生花	掌握阅读和写作技巧,形成推测归纳等高阶英语思维;能够就主题写出完整流畅的英语文章。	阅读写作课
		我与国家	了解改革开放的历程,认同改革开放的重要意义,坚定走中国特色社会主义道路的信念;了解人民民主的形式及其真谛,认同人民民主的价值;积极参与民主生活,行使民主权利,培育民主意识。	做国家的主人

年级	学期	课程名称	学习目标	具体课程内容
		"四史"教育	学习乡土文化、改革开放等知识,培育家国情怀;自觉认同中国特色社会主义道路,进一步坚定"四个自信",提高价值判断和价值选择能力,提升爱党、爱国、爱社会主义的情感;进一步提升辩证思维、分析解决问题、交流表达、团队合作等能力,推动知行合一。	寻召稼文化之根　探革新美丽之秘
下学期		读书节	参与学校读书节活动,从语文综合活动和中考复习相结合的角度设计一些合理的活动。	默写大赛古诗文阅读大赛作文大赛
		妙味练笔	继续积累生活中的写作素材,并根据表达的需要,写作并修改作文,分享评价,互评提升。	中考专题写作
		妙笔生花	掌握阅读和写作技巧,形成推测归纳等高阶英语思维;能够就主题写出完整流畅的英语文章。	阅读写作课
		人类命运共同体	知道当今的世界发展趋势,了解国际舞台上的中国,理解人类命运共同体的内容;学会用联系的、发展的观点看问题,树立全球意识和合作意识,关心共同命运,培育世界眼光。	人类命运共同体
		生涯规划	认同生涯规划的重要性,增进对自我和职业的了解;学会为自己制定短期和长期的目标,树立正确的职业观、人生观和价值观,培养热爱职业、热爱工作、热爱劳动的思想感情。	生涯规划水平调查问卷生涯规划微讲座"我的生涯规划"计划书

(五) Exploration:探索实践课程。我校的 Exploration 探索实践课程整合科学、信息技术等国家课程,开设系列拓展课,体现实践能力、创新能力(见表 2-10)。

表 2-10　上海市闵行区浦江第一中学探索实践课程表

年级	学期	课程名称	学习目标	具体课程内容
六年级	上学期	生物世界	通过分析和讨论,了解科学与技术、社会的关系;通过参观、实验和探究,学会科学探究的基本技能,认识科学探究的基本要素和实验安全的重要性,体会科学是一种求真求实的实践活动。	科学与技术

年级	学期	课程名称	学习目标	具体课程内容
		地球和地图	初步掌握读图、析图能力，了解自己学校和社区的地理环境。	制作学校和社区的地图
		信息技术和生活	培养对信息技术的感知和对基本数据操作的技术。	基础信息技术
		职业体验	通过职业讲坛，对自己的兴趣和长处有初步的认识，知道自己是"谁"、要成为"谁"。	职业讲坛——行行出状元
		科学讲堂	了解学校及周围环境中的生物，记录所看到的生物和它们的生活环境，尝试对所知道的生物进行归类，初步认识生物的多样性、生物与环境的关系，初步学会写调查笔记。	校园生物多样性的调查
	下学期	科学与生活	通过观察和讨论，知道能有不同的形式；通过观察和实验，认识自然界中的水；通过实验和资料分析认识光合作用、呼吸作用以及在此过程中能的转化，认识大气中二氧化碳与氧气相对平衡的重要性；通过制作宣传小报等活动，关注空气污染对人类健康的影响，体会空气对生命的重要性。	能与能源空气与生命水与人类
		我与中国	中国的自然环境和经济发展；上海的自然环境和经济发展。	中国地理乡土地理
		技术与生活	利用信息技术梳理基本数据，制作电子小报、动画；学习简单的编程；培养对信息技术的感知和能力。	多媒体作品的制作
		职业体验	与身边的劳模零距离接触，感悟劳模精神，崇尚劳动；激发学生的潜能，制定个人规划书，引导学生探索自我、挖掘自身潜力，明确初中阶段努力的目标。	职业讲坛——对话劳模
		科学讲堂	通过看、摸、闻、听、尝最基本的"五感观察法"，带着画板和笔走进大自然，通过理论与实践相结合的方式自主探究学习，记录所见所闻；观察自然、记录自然、了解自然，而后懂得尊重自然、爱护自然，从而懂得热爱生活、珍惜生命。	记录自然的美
七年级	上学期	科学与生活	通过实验和探究，认识溶液的形成；通过观察、实验和资料收集，了解溶液酸碱性在生活中的应用。通过连接电路、绘制电路图，认识简单电路；通过调查和统计，了解运动、休息和健康的关系，了解人体内的能量平衡、水分平衡和健康的关系。	身边的溶液电力与电信平衡与健康

年级	学期	课程名称	学习目标	具体课程内容
		我与世界	认识世界部分国家和地区的地理位置和特征。	世界地理
		职业体验	通过实地实践,获得对职业生活的真切理解,发现自己的专长,培养职业兴趣,确立远大的人生志向,形成正确的价值观和人生观,不断提升职业生涯规划能力。	职业院校参观体验
		科学讲堂	通过完成一系列科学小实验,学习提出问题、形成假设、制定计划、收集证据、处理信息和表达交流六个科学探究的基本要素;激发学生对科学学习的热情,提升科学素养。	科学小实验
	下学期	职业体验	通过参与社区服务及父母职业岗位的实践体验,懂得劳动的意义和价值,对职业规划有初步的认识,培养服务意识和能力,提高社会责任感。	进社区职业体验日行动/父母岗位我体验
		科学讲堂	通过发现问题,提出假设,进行实验,培养对问题的分析与研究,形成解决问题的方法和探究能力,感受科学研究性学习的魅力,形成严谨的科学态度。	科技小论文
八年级	上学期	生命科学	用所学知识解释日常生活中的一些人体生命现象;利用图片归纳人体的八大系统并初步认识人体的整体性。	人体生命活动
		职业体验	参观企业单位,探究企业文化,学习企业精神。	走进企业活动
		科学讲堂	学习从自然、社会和生活中选择与确定专题进行研究,并在研究过程中主动获取知识,应用知识解决问题;提高发现问题的能力,学会合作与分享,并增强公民意识与社会责任感。	研究性学习(上)
	下学期	生命科学	讲述生物与环境的相互关系,认识生活环境的对立统一,以及保护生物的生存环境的重要性。	生态系统
		职业体验	结合"走进政协活动",力求通过相关知识的教学和模拟实践,培养发现问题、分析问题和解决问题的能力。	走进政协活动
		生命科学拓展	通过自己的亲身体验来了解知识的形成和发展过程,丰富学习经历,不断提高学生发现问题和解决问题的能力,培养收集、分析和运用信息的能力,养成科学态度与科学道德,初步学会撰写调查报告。	研究性学习(下)

年级	学期	课程名称	学习目标	具体课程内容
九年级	上学期	跨学科案例分析	运用地理与生命科学两门学科的知识,回归真实情境,解决生活实际问题;加强不同学科知识的联系和融合,提高综合分析能力。	地理与生命科学的跨"界"学习
		职业体验	体验志愿者岗位实践,弘扬劳动精神,尊重劳动,形成"辛勤劳动、诚实劳动、创造性劳动"的意识和能力。	志愿者岗位

综上所述,我校将依据 FLAM 课程设置逐步推行课程实施,并不断调整和完善课程,培养学生的兴趣特长、创新思维习惯和实践能力,培养"强体魄、乐生活,有情趣、重行动,会思辨、能创造,有自信、敢担当"的自信满满之人。

第三节　打造学校课程实施的支撑点

课程实施是学校课程付诸实践的过程,是学校课程真正走进课堂的过程。理想的课程实施是一个互动调适的过程,是一个由课程的设计者和实施者共同对课程进行使用、反思、调整、改进、再使用的过程。因为一方面课程设计方案未必十全十美,需要调整和改进;另一方面,即使设计者认为是理想的课程改革方案,理论上也行得通,但也需要在实践中加以检验。[①]

我们学校课程实施是学校培养"自信少年",落实"自信教育"的过程。学校从"自信课堂""自信学科""自信社团""自信节日""自信学习""自信之旅""自信校

---

① 张家军. 新课程实施的问题、原因与对策[J]. 天津师范大学学报(基础教育版),2007(03):48—53.

园"七方面入手践行"自信教育"的理念,深度推进"FLAME 课程",落实立德树人的根本任务。

一、构建"自信课堂",推进学校课程的有效实施

"自信课堂"是根据学校课程理念,以及我校学生的学情和教学实际提出的课堂构想,包括教师自信、学生自信、师生互信三个维度。首先是教师自信。培养自信的学生,首先要有自信的教师。教师的自信来源于深厚的专业功底和细致的教学准备。这就要求我校教师不断更新自己的教育教学理念,对教学充分准备,对学生了解入微,因材施教,应对学生不同的学情要求,践行"为了每位学生发展"的教育理念。其次是学生自信。学生信心的培养来自课堂的培养,学生自信的表现在于课堂中能够乐于合作、敢于承担、勇于发言。第三个维度是师生互信。皮格马利翁效应告诉我们:只要给具有一般智能的学生一个高期望值,并使他们坚信经过不懈的努力一定会达到这一目标,那么学生就会超出预想的发展水平,获得显著的进步和成绩。所以教师要对学生充满信心和期望,向学生传递信心,给他们鼓励,这样的课堂,学生会越来越愿意参与其中;与此同时,学生对老师也会越来越信任,愿意在课堂上表达出他们的思想,碰撞出不一样的思维火花,从而成就真正的"自信课堂",提升教学的成效。

(一)"自信课堂"行动诠释

我们通过努力形成了"低起点、小步子、多活动、勤反馈、激兴趣、多赞美"的"低、小、多、勤、激、赞"的"六字自信课堂"。

(1)低起点。我们要求课堂设计符合课程标准和学生实际,难度适中,关注每

一位学生的差异。

（2）小步子。这是指在课堂教学中,给学生足够多的时间和空间,保证每一个环节的思考和学习,循序渐进完成每一个学习任务。

（3）多活动。在具体教学过程中,教师针对不同的教学内容采取多样的教学策略和活动,保证学生有充分的机会参与和体验,活跃学生的思维,激发学生的学习热情。

（4）勤反馈。在教学环节中,教师要激励学生主动分享自己的见解,发表自己的观点和思想;教师关注学生的课堂表现,及时解决学生在课堂上的问题,给予正确的评价和引领。

（5）激兴趣。教师在设计课堂环节时,要通过多种情景创设手段,如情景导入、角色扮演等激发学生的学习兴趣;为学生提供多元的体验方式,活跃学生的思维,帮助学生更充分地进行认识、理解和感知。

（6）多赞美。教学过程中,教师善于发现和欣赏学生的优点;结合学生的具体表现,给予学生有效的鼓励和赞美,点燃学生的自信火花。

(二) "自信课堂"的评价标准

结合原有的课堂评价标准,我校制定了切合我校"自信课堂"的评价标准(见表2-11)。

表2-11 上海市闵行区浦江第一中学"自信课堂"评价标准

类别	指标	评价标准	教学效果
学习目标	低起点	1. 确立符合课程标准要求、清晰、可检测的学习目标。 2. 学习目标能将"三维目标"有机结合,具体、明确、可操作。	

类别	指标	评价标准	教学效果
		3. 目标的设置难度适中,容量恰当,坡度合理,符合该阶段学生身心发展的需要,能够考虑到不同阶段学生的发展。	
学习内容	小步子	1. 在建立课型模式中针对学生认知,设计课堂学习内容,及时解决各个环节中的目标达成,关注每一位学生的习得。 2. 课堂中能随时反思学习中存在的问题,及时进行矫正和弥补。切实贯彻"以学定教"的原则,最大限度地了解学生的问题,并对问题进行梳理归纳,聚焦问题。 3. 突出重点,抓住难点,把握知识的内在联系,抓住关键能力,根据具体的学习需求和发展可能给予内容和能力的拓展。	
学习方式	多活动激兴趣	1. 根据学生的学习方式创设多样的活动,鼓励学生积极参加;指导学生运用各种行之有效的学习方法,体验学习过程。 2. 倡导个性化、多样化学习,通过自主自学,合作探究,多元互助等多种方式学习。学生的思维活跃,探究欲望和热情得到激发。	
学习评价	勤反馈	1. 注重过程性评价,关注学生的过程性表现,并及时给予有针对性的个性化点评。 2. 在学生学习和展示的过程中,体现合作、探究、实践、质疑等学习方式,学生能够恰当地自评和互评。	
学习氛围	多赞美	1. 创设宽松、民主、融洽的教学氛围,指导学生探究;鼓励学生勇于表达自己的观点,乐于听取和尊重别人的意见。 2. 教师参与学生的探究学习,兼顾各个层面的学生,发现学生的优点和进步,给学生个性化的赞美。 3. 学生能较好地理解教学内容,掌握重难点,不同层次的学生都能获得进步的喜悦。	
听课感悟:			

二、建设"自信学科",丰富学校课程内容

学校应创设各种条件为学生开设更加丰富的课程学习内容和环境,以满足学生的发展需求,学校对学科课程进行统整规划,根据学科课程特点、学生需求以及学校实际,自主研发丰富的拓展性课程,形成我校的"自信学科"课程群,即能够基于教材围绕学科核心素养的培育和发展得以丰富的学科,明确教育改革的方向。

(一)"自信学科"的实践操作

"自信学科"建设的主要方式是每个学科构建"1＋X"学科课程群。"1"是以国家基础课程学科知识为核心,"X"是同一学科知识的融合和关联,或者是跨学科的同主题内容整合研究的校本化课程。具体课程设置如下。

1. "韵味语文"课程群

"韵味"语文课程,把课程内容与学生的年级特征和需求有机结合,满足了学生多元化的学习需求,拓展语文的新天地。课程侧重给予学生生命的关怀与成长的滋养,学校结合中学生语文核心素养的培养目标,围绕识字与写字、阅读与理解、写作与表达、口语交际四大板块开设"趣味汉字""韵味阅读""妙味练笔""风味口语"等丰富拓展课,开展读书节等活动,让学生在实践中学习运用语文。

2. "奥妙数学"课程群

"奥妙数学"是学有价值的数学课。根据课程标准、数学核心素养、学校学生特点,围绕"数与代数""空间与几何""统计与概率"三个板块构建学校数学课程群,设立了"奥妙之数""美妙几何""奇妙统计"系列课程。课程培养学生的数学兴趣为出发点,探索中学数学学习模式由"讲练教授"到"玩中体验"的育人模式的

转变。

3. "LIVE 英语"课程群

"LIVE 英语"根据课程标准和英语学科核心素养要求,有机结合学生年级特点和需求,为学生提供适合自身学习的平台。"LIVE 英语"课程围绕"听说读写"四大板块,开设"LIVE 英语"课堂,开展英语周,让学生体验学习英语的乐趣,激发学生学习英语的热情;开设"LIVE SHOW"等特色社团,让学生在体验中运用语言;"LIVE 英语"给学生提供了丰富的课程选择,设计合理的教学活动,满足不同的需求,创设真实的情景推动学生的英语学习。

4. "生活物理"课程群

"探索物理"课程是依据课程标准以及物理学科核心素养,结合学校学生不同年级的心理发展特点,为学生创设的适合发现式、探究式、合作式学习的一个课程平台。学校教师研发了"生活中的物理",挖掘学生生活中的各种物理现象,开展各种物理活动,鼓励学生探究发现物理现象和知识。

5. "实验化学"课程群

"实验化学"课程是依据课程标准和化学学科核心素养,基于国家基础课程,挖掘学生实际生活中的化学现象,围绕"化学思维方式、科学探究"等方面,学校教师研究开发基于化学实验的"我的实验室"拓展课,提供多元的化学活动,让学生在实验中观察,记录和分析各种化学现象、整理数据、得出结论,从而提升学生的化学学习兴趣,培养学生的观察能力,提升学生的分析能力,增强学生的探究能力。

6. "千象地理"课程群

"千象地理"结合课程标准和学生需求,围绕"区域性""综合性""思想性""生活性""实践性"几大原则,紧密联系学生生活实际、研究对学生终身发展有用的地理,构建开放的地理课程,设计了"地图与地球""我与中国""我与世界"等拓展课,帮助学生认识和欣赏大千世界,形成正确的地理认知观。

7."大同道法"课程群

"大同道法"课程结合课程标准和学生年级特征需求,课程拓宽了学习内容,兼顾学科特点、教材特点、学生生活,形成系统的、递进的课程体系。开发了"我和朋友""我和我家""我和集体""我和国家""我和宪法""人类命运共同体"等系列道法拓展课,通过案例分析、实践体验等多种方式,帮助学生理解个人与集体、社会和世界的关系,了解法律的意义,从而形成正确的成长观。

8."奇趣科学"课程群

"奇趣科学"课程是基于科学学科"提高每个学生的科学素养"的课程理念和我校科学学科的实际校情、特色项目而提出的。我们认为每一个孩子对未知的世界都充满了好奇,是天生的探索者;他们也是天生的创造者,对未来充满了向往和信心。学校教研团队基于基础课程,围绕"科学探究""生命科学""物质科学""地球与宇宙""科学、科技、社会、环境"四大领域,拓展设计了"芳香植物""显微镜下的世界""奇妙地球""3D模型"系列拓展课,提升学生科学素养。

9."灵动体育"课程群

"灵动体育"课程基于体育学科"激发运动兴趣、发展学生体能、增加学生体质健康"的课程理念,结合不同年级学生实际需求,拓展开设了"灵巧舞动""欢乐运球""快乐竞技"系列拓展课。"灵巧舞动"是由武术、啦啦操、健美操等组成;"欢乐运球"主要由足球、篮球、排球和乒乓球组成;"快乐竞技"则由围棋、跳高等运动项目组成,学生在丰富多彩的运动中激发兴趣,学习技能,锻炼身体,培养品质。

10."悦动音乐"课程群

"悦动音乐"课程是以音乐学科课程标准、音乐学科核心素养以及学校学生特点,围绕以"音乐审美为核心、兴趣爱好为动力、注重个性发展、重视音乐实践、鼓励音乐创造"的课程理念,打造特色乐队、吟吟合唱团、炫动街舞等特色拓展课程,为学生创造多元的活动平台,让学生在活动中欣赏音乐的美丽,体验音乐的魅力,培养学生的音乐素养、提升学生的艺术情趣。

11. "多彩美术"课程群

"多彩美术"课程是我校美术教师根据课程标准,整合国家基础课程,依据学生在技能技巧、造型发现、感官体验等方面研发的拓展课程。本课程注重与学生生活经验紧密关联,让学生通过课程漫步在多彩的世界里,用眼去发现、用心去体验、用手去创造生活中的美。围绕"造型、设计、体验",融合国画、水粉、动漫、泥塑等多种形式构建的系列拓展课,使学生在积极的情感体验中提高想象力和创造力,提升审美意识和审美能力,增强对大自然和人类社会的热爱及责任感,发展创造美好生活的愿望与能力。

(二)"自信学科"的评价

为落实和保障各学科课程群的有效实施,学校在做好学科建设常规评价基础上,围绕团队建设、学科课程、学科教学、学科学习等方面对"自信学科"进行评价,评价主体包括学校评价、学科评价、教师自评、学生评价。评价形式根据学科特点进行成果展示、学科笔试等不同形式。

三、创设"自信社团",落实兴趣爱好课程

基于我校"让每一个孩子自信满满地走向未来"的办学理念,学校社团课程的开发和实施以学生自主选择为主题,以教师组织引导为手段,以学校支持引领和

制度为保障,深度实施"自信社团"。

(一)"自信社团"的主要类型

学校根据社团特色分为艺术社团、体育社团、科技社团三大类型。

体育社团旨在丰富学生的课余生活,提升学生的运动技巧,培养学生的体育特长,打造学生的健康体魄,主要有篮球社、排球社、健美操社、围棋社等。

艺术社团旨在培养学生鉴赏美、表现美、创造美的能力,引导学生树立正确的美学观,提高学生文化艺术修养,包括炫动街舞、特色乐队、合唱团、书法社等。

科学社团旨在培养学生主动探索科学的兴趣,提升学生实践能力,主要包括航模社团、建模社团、船模社团、芳香社、编程社等。

为确保社团活动的有效开展,各社团的人数控制在 20 人左右,并在学年初制定社团章程、计划,社团指导老师按照计划做好一切常规工作。学校考核小组定期进行跟踪督促指导,并以每个学期为周期进行社团的考核,确保社团的有序和持续运行。

(二)"自信社团"的评价

为确保我校"自信社团"课程实施效果,学校从社团管理、活动开展、展示宣传、活动成果四个方面对社团进行评价。社团管理方面主要对社团制度、社团分工进行评价;活动开展侧重于学生参与面、活动特色、活动过程性记录的评价;展示宣传侧重活动开展的影响度、宣传力度考察;活动效果侧重社团活动取得的师生满意度和活动成绩。学校每学期评选出优秀社团、优秀指导老师、优秀社团学员,以多维度多元化的评价方式促进社团的发展。

四、创设"自信节日",落实学校节庆课程

节日教育蕴含着丰富和巨大的教育价值,开发不同节日的潜在资源,营造节日教育的良好氛围,以体验为主,不断拓展新的内容,让节日文化走进学生的生活,促进学生对民族文化的认知,增强民族文化自信。

(一)"自信节日"的主要类型

学校以育人目标为依据,将一中的节日进行梳理、分类,主要分成"校园节日"和"中国节日"两个类型(见表 2-12 和表 2-13)。

表 2-12　上海市闵行区浦江第一中学"校园节日"活动课程表

校园节日	课程内容
艺术节	艺术专场
	美术展
	文艺 SHOW
	"自信之歌"比赛
体育节	"律动青春"广播操
	田径运动会
	踢跳比赛
科技节	OM 比赛
	科技进课堂
	科幻画展览
	科学小制作
读书节	课本剧表演
	读书分享会
	推荐书制作
	辩论大赛
	写作大赛

表 2-13   上海市闵行区浦江第一中学"中国节日"活动课程表

节日类型	节日	课程内容
国家节日	国庆节	爱国主义教育
公益节日	植树节	植树护林
	学雷锋日	志愿者活动
传统节日	春节	结合小报制作等活动,学习传统节日
	清明节	
	端午节	
	中秋节	
校园节日	教师节	感念师恩活动

(二)"自信节日"的评价标准

为保障"自信舞台"课程的顺利开展,学校制定了针对活动、教师、学生的系统性评价指标。通过学生问卷、过程性资料检查等方式,对节日课程的计划性、延续性、科学性、创新性和安全性几大方面进行评价;从参与度、学习收获体验方面对学生的学习情况进行评价。以多元评价方式促进"自信节日"课程的持续发展。

五、推行"自信之旅",落实研学旅行课程

读万卷书,行万里路。"教育即生活""生活即教育"。"自信之旅"就是要让学生从学校延伸到大千世界中去寻求教育和生活的真谛;"自信之旅"就是要引导学生在社会实践中坚定理想信念、厚植爱国主义情怀,提高学生的社会责任感、创新精神和实践能力,培养德智体美劳全面发展的社会主义建设者和接班人。

(一)"自信之旅"课程设置

我校依托区域内外丰富的实践和场馆资源,按年级、分主题地组织学生进行

考察、调查、探究和研学实践等，了解认识国家的历史文化和基本国情，增强学生的国家意识和社会责任感。

六年级：红色爱国之旅。入学初进行少年军校活动，集体参观龙华烈士陵园禁毒馆等，学生利用班会课给老师和同学们讲英雄故事。通过这些活动使书本知识在现实生活中得以验证，让学生体会生命的重要性，增强学生的爱国主义热情，让同学们勿忘国耻，牢记历史。

七年级：最美家乡之旅。集体参观浦江消防、垃圾分类处理站、浦江古镇等，通过相关资料以及图片的形式记录所学知识，在班级年级中进行展示。通过这些活动让学生了解家乡，热爱家乡，亲身体验家乡的过去和现在，感受家乡的巨变，激发学生的自豪感。

八年级：奇妙博物馆之旅。参观钱学森图书馆、上海自然博物馆等，将所见所感形成小报，在班级和学校中进行展示。通过这些活动丰富学生的历史文化知识，提升学生的文化素养，增强学生对祖国的热爱。

九年级：梦想之旅。组织学生进行徒步郊野公园，深入大学进行研学活动。学生记录活动过程中的感受，在年级组内进行交流。通过这些活动来锻炼学生的意志品质，同时，通过大学校园的深度交流，明确自身的目标和努力方向。

(二)"自信之旅"评价

"自信之旅"作为提升学生综合素质的实践教育课程，需构建内容、实施、评价为一体的实践模式。为了使学生在课程中拓宽视野，丰富知识，丰富对集体生活和社会公德的认知，学校从课程的内容、组织、效果、管理等方面对课程进行评价；从学生的参与度、任务完成情况、自主管理等方面对学生进行评价。评价形式主要为成果展示、问卷调查等形式。通过科学评价，不断改进"自信之旅"课程，促进课程发展。

六、开展"自信学习",助力学生自律自强

结合学校育人目标,培养学生自主自律,是"让每一个孩子自信满满地走向未来"的坚实保障。学校特此开展"自信管理"课程旨在通过"自信学礼"和"自主管理"两大课程板块,帮助学生形成良好的规范礼仪和自律,以更好地管理时间、调节情绪和规划学习目标,更加自信地去应对所面临的困难。

(一)"自主管理"课程设置

本课程旨在通过探秘"自我""自控力""生涯"和"行动力",帮助学生理解自我管理的意义、明确自信与管理的相互促进作用、利用自控力来更好地管理时间、情绪和学习,充实自身生活,挖掘自身价值,提升自信心。

六年级:探秘"自我"。通过"认识自我""相信自我""完善自我",了解自己,包括自己的能力、特长、气质;挖掘自我潜能,提升自我效能。

七年级:探秘"自控力"。通过"自控力与自我""自控力与时间""自控力与情绪""自控力与思考",了解什么是自控力,知道影响自控力的因素有哪些;学习提升自控力的方法,形成独特的自我管理模式;将自控能力内化为心理意识,养成自控的行为习惯。

八年级:探秘"生涯"。通过"走进职业世界""合理选择""创造未来",了解自己的兴趣、能力、价值观,以及不同工作的本质及其对社会的贡献和重要性;寻找适合自己的职业,初步学习生涯规划和生涯决策的技巧。

九年级:探秘"行动力"。围绕"行动思维""行动策略""行动目标"三大块内

容,让学生知道知行合一的重要性,学习如何做到知行合一,并让行动力升级,利用成功行动的经历提升自我效能感,迎接更高挑战。

(二)"自主管理"的评价标准

本课程以过程性评价为主,主要从以下几个方面进行:第一,学习过程中的表达交流,包括表达自己的观点、自信展示自我等;第二,课程活动中的参与程度,包括对课程实验任务的完成情况和实际操作等;第三,团队活动中的合作分享,在讨论交流中是否能虚心听取他人意见、尊重他人的观点,服从分工,主动帮助他人等。"自主管理"课程评价采用自评、小组评和教师评相结合的方式。

(三)"自信学礼"课程设置

知礼守礼、明礼重礼是每一个孩子所要表现出来的良好品质以及精神面貌。自信少年,更应该要知礼晓礼,以自己的行动彰显良好的文明素养,践行具有现代文明的礼仪行为。特此开设"自信行规"和"自信礼仪"两大课程,将行规和礼仪教育融入德语常规管理、主题教育、德语特色活动中,融入学生日常生活的点滴中。以《中小学行为规范》为依托,从仪容仪表、言谈举止、校园礼仪等方面分年级培养学生(见表2-14和表2-15)。

表2-14　上海市闵行区浦江第一中学"自信行规"课程

年级	内容	实施方式
六年级	明规遵纪　文明自爱 通过树立学生规范意识、培养学生良好习惯。熟悉中学生行为规范要求,逐步把学生培养成讲文明、守纪律,具有良好礼仪修养的一代新人。	晨会、队会、实践活动

年级	内容	实施方式
七年级	明礼守则　规范自律 继续加强行规养成教育,加强学习习惯的养成。遵守社会公德、规范自我行为,提升自律意识。	晨会、队会、实践活动
八年级	明理辨非　包容自省 在日常行规养成教育的基础上,引导高年级学生明辨是非、身正为范的示范作用以及包容精神。	晨会、队会、实践活动
九年级	明责懂法　担当自强 强化学生的日常行为习惯,提升学生的文明素养,深化自强、担当的责任意识。	晨会、队会、实践活动

表 2-15　上海市闵行区浦江第一中学"自信礼仪"课程表

分类	活动主题	行规和礼仪标准
校园四大节日	体育节	1. 积极参加各项有益的体育运动,学会正确使用活动器械,加强自我保护意识。 2. 观看体育比赛时,尊重双方运动员、教练员,热情地为运动员助威,做文明观众。 3. 参加比赛时,尊重、服从裁判员的裁决。
	艺术节	1. 表演者上下台时,要鼓掌欢迎或致谢,观演时坐直,认真聆听发言。 2. 自己表演时,先向师长和听众致礼,发言结束后要道谢。 3. 接受奖品或其他物品,应起立双手接过,并敬礼致谢。
	读书节	1. 养成爱阅读、爱惜书籍的好习惯。 2. 学会自主整理、归类学习用书,按时归还借阅书籍。 3. 在读书活动中,能认真倾听同伴的分享。 4. 尊重他人的表演,表演开始和结束要鼓掌。
	科技节	1. 养成离开工作或生活场所关闭电器电源的习惯;形成安全用电意识。 2. 尊重裁判,有集体意识。 3. 讲究会场文明礼貌,尊重他人的表演。
少先队仪式	升旗仪式	1. 按时整队进入操场,进场做到静、齐、快。 2. 认真听讲,精神饱满。 3. 齐唱国歌声音响亮,队礼仪姿到位。

分类	活动主题	行规和礼仪标准
	红领巾广播	1. 认真听讲,精神饱满,坐姿端正。 2. 积极参与互动,认真学习广播内容。
	少先队队风队纪大赛	1. 动作规范到位,声音响亮。 2. 严格按照指令执行动作。 3. 有集体意识,文明守纪。
	少代会	1. 尊重选举者和参与者。 2. 积极主动,有服务仪式,参与少代会选举。 3. 讲究会场文明礼貌,尊重竞选候选人。
	六一活动	1. 遵守秩序,按规则参与游园会。 2. 尊重各班活动,文明排队、爱护公物。 3. 有参与意识,遵守表演要求。 4. 讲究会场文明礼貌,尊重他人的表演,表演开始和结束要鼓掌。
	学雷锋活动	1. 爱护公共设施,保护绿化,增强安全意识。 2. 垃圾分类,定点投放,自觉维护社区环境卫生。 3. 在生活中,要礼貌待人,认真参与。
	寒暑假志愿者行动	
分年级仪式	六年级红领巾换戴仪式(立志章)	1. 积极、认真地参加学校活动,做到守时。 2. 会前按时整队入场,进场做到静、齐、快。入场后,按指定位置整齐就座。 3. 认真听讲,精神饱满,端正坐姿,保持会场安静。 4. 讲究会场文明礼貌,尊重他人的发言,发言开始和结束要鼓掌。 5. 保持会场的整洁卫生。 6. 活动中途不走动,活动结束后依次有秩序地退场。
	七年级重温铭言仪式(铭言章)	
	八年级十四岁生日仪式(接力章)	
	九年级毕业典礼暨离队仪式(珍爱章)	

(四)"自信学礼"的评价

学校逐步完善学生礼仪规范的模式,进行学生自主管理的探索与实践,培养学生自我管理、自我教育、自我完善和自我超越,让学生养成尊重个性、善于选择、实事求是、独立思考、坚持真我的精神品质。在评价的方式上采用教师评价、学生自我评价、对照式同伴互评相结合的形式。一是教师评价,通过学生的整体表现,以综合素质报告册、成长档案袋等方式对学生进行描述性评价。二是学生自我评价,学生依据教师提供的标准和自身期望,对自己参与课程中的体验、感受和表现进行判断与评估。三是对照式同伴互评,通过教师提供的标准,发现同伴在参与课程中的闪光点并给出更多建设性的意见。

七、打造"自信校园",促进校园文化内化

校园文化的力量在于"以文化人",为积极挖掘"自信文化"教育魅力,校园内合理规划布局,将"文化自信"融于校园环境,一草一木、一楼一亭之中,更融于特色鲜明、内涵丰富、操作性强的校园活动中。学校处处是课程,从风景到愿景,都是学校"自信文化"传承的载体。

(一)"自信校园"课程设置

学生从六年级参加入学教育以来便进入了"自信的一中"。"自信校园"课程化,让学生在经意与不经意间处处感受到学校的文化与内涵,使学生在校期间从"感知自信"到"理解自信",最后"内化自信"(见表 2-16)。

表 2-16　上海市闵行区浦江第一中学"自信校园"课程表

年级	课程主题	课程目标	具体内容
六年级	初识一中自信	1. 了解学校,包括校史、学校发展历程、校园整体规划布局。 2. 了解"自信校园"的基本概念,初识"自信校园"的文化魅力。	1. 听一次讲座,了解学校发展历程。 2. 参观一次校史陈列室,直观了解学校发展史。 3. 逛一次校园,了解路名、楼名出处。 4. 完成一份学习报告"初识一中"。

年级	课程主题	课程目标	具体内容
七年级	亲近一中自信	1. 通过学习榜样力量,探索自信成才的途径。 2. 根据校园楼名、路名出处,探索命名背后的自信寓意。	1. 听一次讲座,学习优秀校友的成长故事。 2. 参加一次"吟诵"比赛。根据学校楼名、路名出处,自选阅读一册国学书籍,感受传统文化魅力,择篇完成吟诵比赛。
八年级	宣传一中自信	通过小组合作、自主探访等主动学习模式,提升合作、沟通、协同能力,在活动中,提升自信内涵。	1. 以小组为单位,寻访历届身边的"优秀毕业生",作一次采访,完成一份采访报道,近距离感受并宣传"楷模"先锋力量。 2. 以小组为单位,做一次校园吉祥物设计。
九年级	传递一中自信	通过自我梳理,感受四年的自我自信成长,领会"自信"内涵。通过情景剧的创编、表演等活动,实践"知行合一",传递"自信"的内涵。	1. 完成一份"我的一中故事"。 2. 以班级为单位,做一次情景剧创编、表演;以班级为单位,完成"我的一中故事"情景剧毕业汇报演出。

(二)"自信校园"的评价标准

"自信校园"课程评价采用自评、小组评和教师评相结合的方式,综合四年学习情况,在九年级毕业典礼上表彰校园"自信文化小使者"(见表2-17)。

表2-17　上海市闵行区浦江第一中学"自信校园"课程评价表

评价内容	评价标准	自我评价	小组评价	教师评价
学习态度	积极参加每一次活动,能克服困难,按时保质完成任务			
	不断增强问题意识,主动反省活动任务中的表现,并积极调整			
	勇于表达(文字、图像、表演、制作等)			
知识与技能	了解本课程的基本知识,能向他人讲述			
	会用多种方法搜集和处理信息			

评价内容	评价标准	自我评价	小组评价	教师评价
	能运用多种方式进行社会调查、个别采访			
	能自主设计、动手创新实践并体验实践过程			
	能以书面、口头、表演等方式创造性地表述活动成果和实践体验			
交流与合作	具有与人沟通的愿望			
	能自主与相关社会机构或个人进行联系、交往			
	完成个人任务的同时关注整体任务和他人任务的进展;有困难不推诿,互相帮助			

变革无法一蹴而就,教育变革本身所具有的复杂性与不确定性,注定会使课程在改革的过程中充满着问题与困难。课程实施不仅是对课程方案落实程度的研究,而且也是对学校和教师在执行一个具体课程过程中调试情况的研究,课程实施能够呈现具体课程的实施程度、分析利弊因素与执行者的调试过程,选取科学的方法论研究课程实施中的问题,为课程改革提供及时的反馈,是完善与推进课程改革的主要推动力。①

第四节　突破课程前行的关键点

　　一项课程改革的落实不只是一个采纳的过程,它包括课程的设计、实施与评

---

① 马云鹏,金轩竹,白颖颖.新中国课程实施70年回顾与展望[J].课程·教材·教法,2019,39(10):52—60.

价等方面的任务。其中,实施的过程首先是实施者与课程方案互动调适的过程,一方面,实施者需要理解与调整课程方案,使之适合实际的需求;另一方面,课程实施的研究不只是对实施进程与效果的判断,更重要的是为课程改革方案的修改与调适提供依据。课程实施的研究对于课程改革持续不断的推进起到不可或缺的作用。课程实施过程不仅是课程实施者与设计者互动的过程,而且也是课程实施主体专业成长的过程。[①]

一、教师参与课程变革加深课程生命力

课程开发的主体是教师,在重构学校课程的过程中,学校专门成立课程研发领导小组和工作小组,制定了课程开发的计划和实施步骤。通过不同主题的校本研修,让全体教师产生对"自信教育"办学思想、课程目标、育人理念的文化认同。

在学校研发课程的过程中,专家引领非常关键。学校为切实落实自信课程理念,先后邀请上海市教研室韩艳梅、杨四耕等课程专家,为学校课程作"加强课程规划顶层设计的科学性、引领性"等讲座,让所有的老师都要明确课程理念和操作要领,鼓励老师们的积极参与和大胆实践。从而在实践中逐步逼近课程核心、增强课程开发能力,保证课程开发与实施的顺利进行。

在 FLAME 课程开发过程中,我们采取了"自下而上""适度引导"的研究思路,充分发挥试验教师的主体性。学校引导他们围绕"让每一个孩子自信满满地走向未来"课程的理念,教师在自主参与学科课程规划的研究过程中,发挥团队优势。目前我校已经初步完成各个学科的课程规划,完成 24 门校本课程纲要。并

---

① 马云鹏,金轩竹,白颖颖. 新中国课程实施 70 年回顾与展望[J]. 课程·教材·教法,2019,39(10):52—60.

潜心打造五大精品课程："翰墨薪传"书法课程、"走进政协"民生体验课程、智能编程课程、无人机驾驶课程和排球课程，指导学生形成关注身边事物的自觉性、培养善于发现问题和解决问题的智慧。

二、教育教学理念的转变加强课程实施力

在 FLAME 课程构建实施的过程中，学校提出了"六字自信课堂"。历时两年多，在学科教研组的共同努力下，教师紧扣教学基本要求和课程标准，实践单元教学设计，将教学新理念转化为课堂教学改革行为，通过研读教材、挖掘文本、确定教学目标、打磨教学设计、关注课堂反馈与评价，将"低起点、小步子、多活动、勤反馈、激兴趣、多赞美"贯穿课堂始终，打造有深度、有温度的自信课堂。目前已形成《浦江一中各学科优秀单元教学设计集》《浦江一中青年教师优秀教案集》《浦江一中初三数学校本训练集》《浦江一中英语口语训练进阶版》。

在这过程中，学校涌现出一批优秀的教师：王美莉任区德育行政管理中心组成员；李蓉蓉任区教学研究管理中心组成员；陈敏任区班主任中心组成员；冯嘉瑞任区化学中心组成员。上海市德育特级教师洪耀伟老师任上海市第 2、3、4 期班主任带头人工作室主持人、上海市劳模（洪耀伟）创新工作室主持人，2020 年入选闵行领军人才（上海领军人才"后备队"培养计划）；鲁俊获评区金牌班主任；陈敏荣获中小学金奖班主任；力世明获评市园丁奖。第六届区骨干突破到 8 名，区"希望之星"2 名，2018—2019 年度区"新苗杯"共 3 名获奖、2 名"见习之星"。9 位教师获评区强初工程首届和第二届"培英奖"一、二、三等奖。1 个区大课题鉴定为"良好"，区小课题 1 个二等奖、4 个三等奖。刘小妹老师主持"绿创空间"实验室，撰写案例"绿创，让我们一起探究"获评区二等奖并收录发表；范冰洁老师主持"ST

创艺工坊",闵行区中学美术教师专业技能比赛获 1 个一等奖、4 个二等奖和 2 个三等奖;费晓芳、王娜、徐李斌老师荣获全国啦啦操联赛优秀教练员;耿凡诗雨老师荣获上海市中小学生排球联赛优秀教练员。

三、校园文化创设课程实施主环境

学校重新布局科技教育与图书馆的功能区,把图书馆整体搬迁到行政楼的底楼,极大地方便了学生的借阅,提升了学生在图书馆阅读的愉悦感。把原图书馆的空间留给"智造工坊"创新实验室,把无人机、OM 实验室、劳技制作、电工、航模、船模集于一个楼面,提高了资源的利用率。

学校现有 3 个创新实验室,"智造工坊""ST 创艺工坊"2 个区创新实验室的创建,其中"ST 创艺工坊"已正式使用,第一个"绿创空间"创新实验室在去年的区创新实验室评估中获区优秀等第。并建成 3 间标准英语听说语音室和 2 间标准理化实验室。

根据新的五年规划,学校完成了楼、廊、道路等命名,将自信文化与传统文化融入整体布局中,形成一整套与自信教育契合度、识别度高的视觉系统。通过校名石、华园水景观、图书馆的打造和室内磁性墙面的创新,实现"绿色、多元、自主"理想教室、书香校园的构建;并完成了新一轮校服形象设计与更换,满足了学生成长的自我形象需要,提升了学生、家长的满意度。

四、课程重构实施推动了自信少年的成长

课程重构实施的过程,丰富的课程选择,富有深度的课程理念,培养了许多自

信美少年。对比两年前绿色指标的各项数据,可以看出,经过两年的发展,我校教师的课程领导力指数高于市区指数,本校学生对教师教学方式中的因材施教、互动教学、鼓励学生探究与发展这三个方面评价较高。94.1%的学生对学校认同度高,他们喜欢自己的学校,老师和同学关系和睦;学习自信心较强的学生占比82.9%,自信心水平较高,对自己的能力有较恰当的评估,并且本校学生中有82.9%的学生有较强的学习动机。这些数据表明,我校在建设"FLAME课程"方面的努力有了一些成效,我们也将继续完善学校的课程系统,给予学生更多的学习平台。

麦克尔·富兰(Michael Fullan)认为,"变革是一个过程,而不是一个事件"。① 课程改革是学校和教师不断实践和反思的过程,也是自我提升和改进的过程。浦江一中将持续改进和提升学校课程的品质。

---

① Fullan. M, et al. The New Meaning of Educational Change[M]. 2nd ed. London: Cassell Educational Limited,1991:48.

第三章

课堂教学与自信发展

　　每个孩子心中都有一颗自信的种子。种子的生长离不开适宜的环境,课堂教学是学生在学校的主要活动,也是学生自信发展的重要组成部分。把握每个孩子的学情,基于学情设定适合学生的学习活动,根据不同学生的表现给予发展性评价反馈,激发学生乐于发现、勇于挑战、敢于创新的内在动力,让每个孩子自信满满地参与学习。

课堂教学改革是自信教育的重要组成部分。关于课堂教学改革,《义务教育课程方案(2022 年版)》指出,我们要坚持四大改革方向:一是坚持素养导向。强调准确把握课程要培养的学生核心素养,明确教学内容和教学活动的素养要求,把立德树人的根本任务落实到具体的教育教学活动中。二是强化学科实践。注重"做中学",引导学生参与学科探究活动,经历发现问题、解决问题、建构知识、运用知识的过程,体会学科思想方法。三是推进综合学习。整体理解与把握学习目标,注重知识学习与价值教育有机融合,发挥每一个教学活动多方面的育人价值,促进学生举一反三、融会贯通,加强知识间的内在联系,促进知识结构化。四是落实因材施教。创设以学习者为中心的学习环境,凸显学生的学习主体地位,开展差异化教学,加强个别化指导,满足学生多样化的学习需求。①

　　基于以上四大改革方向,浦江一中提出了"自信课堂",其目的是使每一位学生都能自信满满地互动讨论、站上讲台、侃侃而谈,能拥有正确的价值观、必备品格和关键能力。基于这一目标,"自信课堂"的"六字"教学法便孕育而生。所谓"六字"是指"低""小""多""激""勤""赞",分别指低起点、小步子、多活动、激兴趣、勤反馈、多赞美。

---

① 中华人民共和国教育部. 义务教育课程方案(2022 年版)〔S〕. 北京师范大学出版社,2022:14.

第一节　低起点，奠定自信基石

建构主义认为，学习是学生主动建构自己知识的过程。学生新旧经验之间是一个双向交互作用的过程，即通过同化和顺应两种途径来建构意义的过程。学习就是一个同化、顺应、再同化、再顺应的循环往复的过程。同时，学习是一种带有反思性色彩的智慧活动，这种活动使学习者能够应用先前经验来理解或评价当前所处的状态，进而影响未来的活动，形成新的知识，即学习是再创造的（教育）活动。可以看出，这个定义包含了三个要点：（1）学习是利用已有的经验及意义对相关的新知识进行积极的处理（再构），并且这个过程的实质是对相应的观点、技能和思维等的整合；（2）学习是对过去、现在、未来的联系，并不总是呈现出线性关系；求知和再知是一个不断循环往复的过程；（3）学习是一个动态的变化过程，它会根据情境的变化而变化。[①]

因此课堂教学强调基于学生已有的知识、经验、情意及思维特点来设计，即强调"低起点"。何为低起点？"低"不代表容易简单，这是一个相对概念，对于不同的班情、不同的学情、不同的年龄层次的学生都应该具有差异。它必须是基于学生学情而定的合适的起点，是最靠近学生最近发展区的起步位置。同样，低起点不能决定终点也是低的，最后的输出应当符合教学的基本要求。

基于"低起点"的这一定义特征，可以认为，找到教学"低起点"的关键在于学

① 王沛，康廷虎.建构主义学习理论述评[J].教师教育研究，2004(05)：17—21.

情分析,如何做好学情分析,关键在于四大把握,把握学生学情从而奠定自信学习的基石。

一、把握学生的已有经验

建构主义强调,学生并不是知识的被动接受者,他们绝对不是空着脑子进入课堂,也不是一张白纸,教师需要找到学生已有的经验,以此作为教学新起点。也就是说进入课堂学习之前,每一位学生都会根据自己已有的生活经验对即将要学习的内容有着一定的认识,我们把这类认识通常称之为前概念。前概念可以分为积极和消极两类,作为教师尤其需要关注学生的消极前概念,这类生活经验认知有碍于新知识的概念形成与认知,需要提前把握,并在课堂教学中设计活动进行纠正。

案例3-1 课前把握相关知识前概念

在物理《惯性》一课的教学中,教师需要提前了解学生对于惯性这一概念的认知,学生认为静止的物体是没有惯性的,还有的学生认为速度快的物体其惯性更大,为此教师便会在课堂中设计问题讨论环节,举例或通过实验的方式来反驳这一错误理解,并引导学生形成正确的观念。

学生的类似消极前概念还有很多,它往往是根深蒂固的,如果不提前发现,仅凭课堂上教师的讲解,会显得十分苍白无力,而课堂中针对前概念设计特定的教学活动就能做到“对症下药”,把握住学生已有的经验。

二、把握学生已有的知识

在教学中,时常会遇到学生已经学习了一些新课的知识,也有的学生提前自学了这部分知识,但是由于缺乏系统的指导,导致学生对一些知识存在漏洞、对之前已学过的知识有所遗忘等现象,所以在进行课堂教学前,教师可以通过一些课前作业、思维导图等方式来检测学生已有的知识,为课堂教学提供针对性的设计思路。

案例 3–2　课前作业把握学生已学知识

在进行初三物理《力学单元复习 1》的课前,教师布置了结合力、机械、压强的知识设计建构力学思维导图以及一道与综合性较强的课程相关的检测性力学计算。

根据学生的答题情况,教师给出了总结性的学情分析:

本节课的授课学生中,年级中层次较好的学生,对力学基本概念较为清晰、能够较为完整地厘清力的基本概念、压力压强、机械功等基本知识,在计算解答中能力较强;小部分学生存在计算过程上的漏洞,极个别学生没有能够解答出来;班级学生具备一定的问题分析及推理能力,但对于物理学的不同领域缺乏联系性,能够在思维导图中反映出力与形变关系、联系压强即压力形变效果角度分析的较少,能够根据力对物体做功,引起物体能量变化的只有 2 人。在面对情境性的综合分析时,不能很好地将所学的力学与其他知识进行结合,从更高的角度去看待问题。

根据学情分析可以看出,教师本节课的侧重点不是基础知识概念的整理和回忆,而是在于通过具体的情境引导学生对不同单元知识与力学知识之间的建构联系,能对情境中出现的实际问题进行综合性的分析解释。

三、把握学生的情意准备

教学的关键不仅是教师的教,而且更需要关注学生的学,所谓一个巴掌拍不响,一个满腹经纶的教书匠,哪怕他再怎么通晓古今,学生不愿意听,不愿意看,不愿意配合,那么一切都是无意义的。为什么总有个词叫作班主任效应? 并不是说班主任的教学一定如何优秀? 而在于班主任课堂教学的时候,学生更愿意投入,课后更愿意花时间去钻研,古语有云:亲其师,信其道。因此,课前了解学生的学习状态很有必要,这种了解主要是通过问卷、访谈等方式,问卷在于把握班级中大部分学生的学习倾向、学习习惯等,访谈主要是针对个别特殊的学生,从而在课堂教学的环节设计上有所侧重。如果学生在上课前对本节课的学习内容并不感兴趣,那么教师就需要在课前做好充足的准备,在情境的选择与设置上想办法调动学生学习的积极性,激发学生的学习兴趣。

案例3-3 巧设情境把握学生情意准备

《力学单元复习1》这节课中,教师通过运动会蹦床比赛的情境调动学生去积极观察有哪些力学现象? 去思考力对物体产生了哪些效果? 在大家来参与的情况下完成力学知识的复习与力学单元知识架构的重建。

在课堂上,将原本枯燥乏味的概念复习转变为视频观看与大家一起找一找的活动,这样更能调动学生的学习积极性。

四、把握学生的思维特点

对于初中学生而言,低年龄段的学生如六、七年级学生其思维认知主要以形象感知为主,抽象逻辑思维能力相对较弱。而到了八、九年级之后,学生逐渐从形象感知过渡到抽象逻辑,在这个过程中就需要教师把握学生思维特点的转变过程。学生的思维方式和能力可以通过课前检测来了解,例如,设计一个开放性的问题供学生进行分析说明。

案例3-4 课前问题把握学生思维能力

《密度计的制作与应用》一课,教师课前布置一项实践性作业,根据已经学过的密度计知识与原理尝试自制密度计,并通过自制密度计比较水与盐水的密度大小关系,说明原因。

事实上,这是两个不同的作业,前者是学生动手探索,而后者更注重学生对知识的理解考察,通过对作业的检查发现,有很大一部分学生是凭借感觉密度计在盐水中漂浮得更高来说明盐水密度大,或者仅仅通过画图的方式来解释,这便提醒教师,学生对于这部分知识的认知与理解仅仅停留在形象感知层面,而没有深入到逻辑推理的程度,因此在课堂中需要加入一些环节引导学生从学过的原理去解释问题,而不是简单地依靠生活经验来理解。

课前的作业完成情况可以让老师清楚地了解学生的思维特点,考虑是否需要在一些必要的步骤和环节设计一定的学习支架来引导学生一步步完成问题的解决。

从以上论述不难看出,真正意义上的"低起点"不是简单地降低难度,而是对任教的学生从生活经验、已有知识、情意准备以及思维特点等方面有更全面的了解,所谓"不打无准备之仗"。对学生一无所知,仅凭自己的教学经验,就好比医生看病,没有任何预先的检查,直接看了一眼说感冒了,随便开点药就行了,这是要出大问题的。设想学生在这样的状态下学习,又何来自信可言?优秀的学生可能每天在反复地操练一些低水平练习,而层次较弱的学生可能每天沉沦在教师的"天书奇谈"之中。

第二节　小步子,筑建自信阶梯

　　建构主义的教学观首先强调教学的理解性。其次是重视教学的情境建构。第三是重视活动与主体的交往。第四是在师生观上,学生必须树立经验世界的丰富性和差异性,善于建构知识,充分认识到自己具有发挥主体性的潜力,学会自我管理,培养自我控制学习过程的技能和习惯;而教师的职责与任务是提供给学生现实世界复杂的真实问题,在于为学生提供一定的辅导,在于为学生创设良好的学习环境,其角色从权威角色转变为学生学习的辅导者或高级合作者,同时在教学设计上要充分考虑学生的认知主体作用,要求发挥学生的主体性。[①]

　　然而在发挥学生主体性的过程中,学生已有的知识水平往往出现无法达到直接解决问题的程度。苏联教育家维果茨基认为,教学与发展是两个相互影响、相互依赖的过程。教学与儿童发展的一定水平相适应,这是无可辩驳的事实,但关键在于

---

① 王沛,康廷虎.建构主义学习理论述评[J].教师教育研究,2004(05):17—21.

如何理解并确定儿童的发展水平。在维果茨基看来,至少应该确定儿童的两种发展水平:一是儿童现有心理机能的发展水平(儿童的实际发展水平),它标志着儿童一些官能的成熟;二是在成人的指导和帮助下所能达到的解决问题的水平(儿童潜在的发展水平)。维果茨基把这两种发展水平之间的距离定义为最近发展区。[①]

因此,需要找到学生的最近发展区,从而在教学中有效地发展和完善学生的认知结构,提升发展水平。何为小步子教学?小步子,就是从实际出发,减小教学的步子,强调细分学业任务,并对学生每一点微小进步给予肯定,体现出知识的层次性,使"教与学"呈现知识的上升、提高趋势,让学生"跳一跳就能够得着"。为此,在小步子教学思想的引导下,提倡"五进"教学模式,分别是迁移渐进模式、分层递进模式、合作共进模式、支架引进模式、互惠促进模式。

一、迁移渐进模式

迁移作为教育心理学的一个概念,它是学习者在学习过程中经常出现的一种心理现象,可能表现为如今学习的内容受到先前学习内容的影响,或者现在所学的内容对之前学习的内容产生影响。是从已知到未知,通过对已有知识进行联系,建构推理逐渐形成新的知识概念的过程。迁移可以分为正迁移、负迁移以及零迁移,此处的迁移渐进模式强调正迁移。

迁移渐进模式的教学强调新旧知识的联系,在了解学生已有知识的状态下,通过创设学习情境、触类旁通、举一反三、在已有知识得到进一步检验和充实的情况下,对新知识的理解和应用也有着积极正向的引导作用。

---

① 徐美娜."最近发展区"理论及对教育的影响与启示[J].教育与教学研究,2010,24(05):14—16.

产生迁移的条件不外乎两者之间的联系,这种联系可以有很多方式,可能是情境模式下引发学生回忆原有的知识,也可能是一个教学问题启发学生思考回忆,又或者是一些变式的训练中促使学生联系前后不同题型的关系等,无论是哪一种情况,迁移一定是找出前后知识与技能的相关点,从而激发学生对新问题的不同认知。

案例3-5 《电功》课堂实录

片段1:教师通过实物情景引发学生回忆机械功与能的知识,分析在水路中,水流对水轮机做功后,使重力势能转化为动能。在此基础上提供图片情景(见图3-1)电路与水路进行比较,继而形成电功即电流做功的概念。

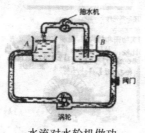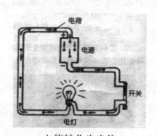

水流对水轮机做功　　　　　　电能转化为光能
重力势能转化为动能　　　　　　电流做功

图3-1　电路与水路

不难看出,教师通过具体情景引发学生回忆已有的知识,然后给出新的情景,两者建立联系从而较为顺利地引导学生归纳得出电流做功,使得电能转化为其他形式能。原本抽象难以理解的内容,在这里学生能够得以形象地感知。

片段2:电流做功的大小与哪些因素有关

以往我们进行探究都是通过生活经验进行猜想,再进行实验定性或者定量的研究,在这里教师根据具体情景,大胆尝试推理分析电功大小的影响因素。

根据情景(见图3-2)，教师引导学生根据水压推动水流流动做机械功为例，逐渐推导将水流做功的表达式转化为 $W = pV$，p 代表水压，V 可以认为是水流过的体积也可以说成是水流量，那么换言之水流做功等于水压乘以水流量。

然后运用类比迁移，猜想电功是否应当等于电压与电荷量的乘积，即 $W = UQ = UIt$，从而形成猜想电功大小与电压、电流和通电时间有关。

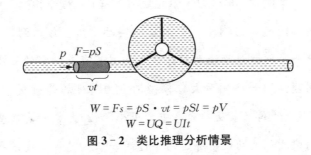

$$W = Fs = pS \cdot vt = pSl = pV$$
$$W = UQ = UIt$$

图 3-2 类比推理分析情景

在这段实录中可以发现，不仅是简单的形象思维的类比迁移，而且更是结合压力压强与机械功两个单元的知识进行联系，推理分析得出水流做功的变形式，能大幅启发学生思维。不仅如此，在此基础上，学生再次将电功与机械功公式比较，形成电功的定量计算公式。当然这都是建立在已有知识的基础上所进行的迁移，至于猜想是否正确仍然需要实验的验证，但这对于学生而言，他们对物理知识之间的联系却有了更深的理解。

二、分层递进模式

苏霍姆林斯基指出："引导学生能借助已有的知识去获取知识，这是最高的教学技巧之所在。"只有在教师的正确引导下，学生才能由现有发展水平进入最近发展区。只有在新旧知识的衔接处、在承上启下的过渡处、在思考问题的转折处，沿着学生思路来启发、引导他们,才能较为顺利地将其引入最近发展区。

分层递进模式就是将原本复杂的学生难以解决的问题进行分解,把它分解成多个有梯度式的层次性问题进行解答,学生能够在原有的能力水平上,通过解决自己力所能及的问题,逐步解决一些原本在自己能力之外的问题。

案例 3-6 《力学单元复习1》中的情景问题

教师提出情景问题如何测量一头大象的实际重力? 你用到的原理和物理方法是什么? 这样一个问题对于绝大多数学生来说是有着一定的难度的,为此教师设计以下分层问题:(1)如何测量大象模型的重力? 目的是引发学生思考弹簧测力计,通过力与形变的角度来反映大象重力大小。(2)大象的真实重力如何测量? 引发学生联想到曹冲称象的故事并运用学过的知识从定量角度进行分析,说明其中的原理及方法。(3)以课前例题启发学生思考,通过大象的脚印来间接测量大象的重力,并思考如果要完成测量需要测量哪些物理量? 尝试说明其中的物理方法与原理。(4)比较曹冲称象的方法与用大象脚印的方法两者之间有何相同之处。

面对一个实际问题,学生往往会觉得手足无措,无法将自己所学的知识与问题解决联系起来。为此,教师从模型出发,引导学生解决一个个基础问题,并联系课前已经自主完成的例题,结合实际情景提出解决方案,学生在回答不同层次的问题的过程中,感悟模型建构、类比迁移及等效替代思想的妙用。

三、合作共进模式

最近发展区还表现为儿童不能独立完成的任务,这里就可以以学习小组的模式,学生共同讨论相关问题,提出有效的解决策略,以此共同进步。在课堂教学中,教师需要在了解学生的发展差异性之后,组织学生进行有效的合作学习,通过学生互相学习、互相教授,实现人人发展的共进目标,在实施过程中教师要处理好自主学习与合作学习的关系。

案例3-7　英语习作课上的合作共进

在"合作修改学生习作"的过程中,教师提供小组合作的习作文本,每个组可以任选一篇作为修改对象。学生学以致用,在标题补充、文章框架、语言逻辑等方面在组内展开评价,并修改。共同的任务,可以使之后每个小组的评价分享成为学生合作分享的契机和相互学习的资源。

Step1:明确评价指标。

基于前面环节的学习,学生自主形成记叙文评价细则。学生通过比对CHENCKLIST 评价元素(见表3-1),对需要修改的文本进行初步评价。

表3-1　CHENCKLIST 评价元素

Checklist 评价元素参考(记叙文)			
评价元素	评价标准	Yes	No
人称	第一人称		
时态	一般过去时		
内容	故事的基本要素(who/when/where/…)齐全		
结构	故事完整,有开头、有结尾		
语言	无明显语言错误(拼写、标点等)		
连贯	句与句之间逻辑关系清晰;连接词使用恰当		

Step2:明确任务到人。

在互动过程中,人人参与要做到分工有效。基于组长能力较强的特点,负责批改中等写作水平的三位学生的作文,中等写作水平的学生负责批改组内水平薄弱的两位学生的作文,而水平薄弱的两位学生则批改组长的作文,同时记录组长对中等水平的三位学生的修改意见。在这个过程中,水平薄弱的两位学生工作量最大,要全程参与所有文章的修改过程,组长可以作适当解释。教师进行组间巡视,保证批改的过程安静有序,并且指导学生完成不确定正误的地方,全程关注整个批改的过程和结果,确保每组的学习是有效的。

Step3:明确评价标准。

教师请小组推选出本组最优秀的作文进行展示。教师选择若干组学生的修改成果,请记录员和发言人合作陈述。教师对批改认真准确的学生作出表扬,给学生树立榜样,提高学生认真参与的积极性。

Step4:再次修改。

学生再次对自己的文章进行润色、调整,然后重新抄写在作文本上,统一上交。教师批改并给出分数评价。

Step5:后续肯定。

教师通过班级展示区张贴、班级圈发布等线上线下多途径将学生优秀习作进行展示,也可将优秀作文装订成册,放入学生成长档案袋中,作为过程性积累,进一步肯定学生的学习成果。

整个教学过程中,教师始终关注到每个小组,做到及时点拨。以正向引领为手段,肯定学生在批改作文过程中的努力,包括学生互评批改的态度、聆听他人发言时的认真、与其他学生互动时的礼貌和谦让,让个人和小组建立自信,产生个人荣誉和小组荣誉感。学生也体验到组内合作共赢的成就感。

四、支架引进模式

"最近发展区"理论可以说是支架式教学的起源,教学不应该停留在不断地适应学生已有的发展水平,而应该不断地引导学生向着新的更高水平跃迁。在维果茨基的教育理念传入美国之后,美国教育学家 Burner 提出了支架式教学,关于其中的"支架",不同的研究者有着许多不同的理解,但其目的是一致的,都是为了促进学习者向着更高水平发展。[①]

支架引进模式指在教学过程中,学习者在解决问题的过程中无法依靠个人的努力实现突破,需要教师或者有能力的学习者提供提示性的内容、材料以及相应的问题驱动,从而引导他们依靠自身来得出最终的解决方法。

案例 3 - 8　阅读教学课中的问题驱动

《钱钟书先生》的阅读教学课的课堂导入环节,学生通过读题"钱钟书先生",提出了以下问题:这篇文章的主要人物是谁? 我们猜想这篇文章是写人,一般来说,写人的文章是通过一些事件去表现人物的性格特点,那么这篇文章写了钱钟书先生的哪些事情,表现出了怎样的性格特点呢?"先生"一词暗示了作者怎样的思想感情? 作者是怎样表达他的情感的呢? 这个单元的主题是"人物春秋",我们接触到了夏衍、冼星海、花木兰、巢谷等一些有着优秀品质的人物,《钱钟书先生》也属于传记一类的文章吗?

这一系列问题都来自于师生针对文题"钱钟书先生"五个字的对话、猜读、设

---

① 张凌英. 初中物理教学中支架的设计与应用研究[D]. 南京:南京师范大学,2018.

疑,但也很好地梳理出了《钱钟书先生》一文阅读教学的基本路径:概括写了钱钟书的几件事情,从而理清文章结构——从人物描写中品读人物形象特点——把握作者的情感表达——总结人物传记类文章的写法。从问题的提出、梳理,到学习目标的设立,使学生通过解读传记类文章懂得了以"类"掌握要点的阅读方法,更重要的是有助于学生阅读思维的形成。

五、互惠促进模式

互惠教学最早是 20 世纪 80 年代由 Palincsar 和 Brown 两位美国学者提出的,该模式是指教师和学生面对着他们试图共同理解的知识内容,共同发挥各自的特长,并且共同承担着主导课堂互动的责任的一种教学模式。[①]

在互惠促进模式中,强调教师与学生的共同学习,教师扮演的角色不再是主讲者,而是与学生共同探讨问题,提出问题,协助引导解决问题的一名队员。教师首先需要课前收集学生的一些疑难问题,将问题发送给不同的小组,将问题解决的步骤难易程度分解给学生,学生可以根据自己的能力选择挑战的难度,并在完成后进行方案的分享以及互动交流,值得注意的是互惠促进模式关注课堂的互动讨论,但讨论一定要围绕核心概念展开。

案例 3-9　实际问题解决中的互动研讨

《密度计的制作与应用》一课中,在课前教师进行学情分析,了解了学生对于通过物体的浮沉判断液体密度与物体密度之间的关系存在一定的认知困难,只能停留

---

① 戴丽丽,李群. 互惠教学模式下教师引导学生学习的三大原则[J]. 教学与管理,2015(15):12—14.

在定性的感知上,为了让学生更好地理解物体密度与液体密度的比例关系与物体露出液面多少的联系,因此设计了一项实践性的作业,利用身边的器材自制密度计。

片段1:展示学生自制密度计制作失败的图片,并由组内同学讨论失败的原因以及改进的方法。

学生就图片中的密度计问题进行表述,并提出各自的见解。

在这个片段中,学生对于自己动手制作的密度计能拿出来进行展示和评价,非常开心,教师在课前评价的过程也融入与学生的共同探讨中,课堂上选取之前的失败之作,共同寻找疑难问题,围绕着密度计的结构特征(细长),密度计的使用特征(竖直、漂浮)等核心问题展开了一系列的应用讨论。

片段2:出示情景问题,用阿基米德原理及相关知识计算未知液体的密度,并尝试用自己制作的密度计来测量未知液体密度。

情景计算题如下:

某学校有个小水塘,水塘中的金鱼吸引了很多学生,可是一段时间以来,鱼儿大量死去。通过调查,同学们了解到,水塘中水的密度增大到 $1.05×10^3$ 千克/米^3 时就不适宜鱼类生存。为了检测水塘中水的密度,于是,同学们找来一根长1.2米、粗细均匀的木条,在木条底端嵌入适当的重物,使木条直立漂浮在水中,做好标记后就可以监测学校水塘中水的密度了。先将木条放入足够深的清水中时,测得木条露出水面的长度为0.2米,在木条上画上标线,然后将木条放入密度未知的池塘水中,测得木条露出水面的长度变为0.4米。经过计算,该小组同学终于知道了水塘中的金鱼为什么会死去,讨论并画出图示解释其中的原因。

问题:请同学们阅读学案上的情景计算题,并尝试以个人的能力计算解答,如果在解答过程中遇到困难,老师给大家提供了 3 个锦囊妙计 ABC,A 锦囊的提示较少,C 锦囊的提示最多,同学们可以根据自己的能力选择相应的锦囊,当然你也可以选择不需要锦囊而独立完成,现在开始。

活动:下面就请同学们尝试用自己制作的密度计仿照刚才计算题中的方法尝试测量你们面前的硫酸铜溶液的密度。

(小组实验完成后与教师的密度计测量值比较,交流讨论误差来源。)

在这个片段中,我们可以看到,教师以专家身份提供了不同难度层级的提示,以适合不同层次发展水平的学生,同时教师在与学生的交流中,不仅促进了学生之间的互动讨论,而且也促使自己课前对这部分内容的学习与预设,思考如何面对不同能力的学生遇到的困难,给予有效的支持和帮助。

无论是"五进"模式中的哪一种,都是基于最近发展区理论之上,小步子,慢慢走,将核心问题分解为一个个小的学习步骤,使每一位学生在学习过程中能够获得成功的喜悦,一点一滴积累学习的自信心。

第三节 多活动,营造自信氛围

对于课堂活动,不同学者从不同的角度对课堂活动作出了解释。Harmer(1983)认为,讲解语言、讲故事、写作等是活动。听力训练、交流信息、口头作文等也是活动。[1]

---

[1] 雷达. 小学英语课堂教学活动及设计现状调查[D]. 武汉:华中师范大学,2012.

Richards & Lockhart(2000)提出,课堂活动是指学生在课堂上为完成教学内容或学习目标所做的事情。Nunan(2000)指出,活动是指借助一定的材料(语言输入)和辅助工具完成活动任务,实现活动目标。[1] Brown(2001)则把课堂活动解释为学习者在理解语言、使用语言的过程中所做的事,做游戏,听力训练都是活动。[2] 他们都认为学生在课堂上所做的事就是活动。当然他们所指的做的事不是泛泛而谈的所有的事情,而是围绕着课堂教学内容和语言学习的目标所做的事情。从这些定义和解释中,我们应该明确不是所有的课堂活动都能称之为课堂活动,只有那些与教学内容相关、为学习语言知识服务的课堂活动才是真正的课堂活动。

不同的教学内容需要不同的活动为载体,多样化的活动载体更能使课堂因"活动"而生彩。无论哪类活动,都力求以课堂活动促进学生发展为宗旨,针对学习内容的不同和学生认知、情感的实际,充分体现教学中学生的主体地位。浦江一中的"多活动"是以课堂活动教学中常见的五种活动类型:体验类、探究类、语言交往类、创造类、操作类分别进行探讨,并从实践层面上结合一定的教学案例进行阐述。

一、体验类活动

体验类活动将学习过程看作不仅是一个认识发生、知识增长的活动过程,而且是一个情感参与和体验的活动过程。它强调从创设和组织利于学生亲身体验、设身处地获得真实感受的各种活动入手,使学生在亲身经历和主体实践活动过程中积极感悟,在有意识的反思基础上不断修正自己的经验和认识,以促进活动成

---

① 孙立业. 任务型教学法在高中英语课堂活动中应用的实证研究[D]. 哈尔滨:哈尔滨师范大学,2015.
② 雷达. 小学英语课堂教学活动及设计现状调查[D]. 武汉:华中师范大学,2012.

果的内化,最终实现学生知识的有意义建构和情感、态度、价值观的有效发展。课堂教学中,学生的体验具有:情感性、意义性、主体性、亲历性、模糊性。通过体验类活动,学生可以获得愉快的体验,增强学生对学习的兴趣和信心。学生获得的是愉快的体验,这种体验能保持和巩固学生的某种学习行为。

(一) 悟一悟

一般来讲,教学目标中涉及策略、情感态度、价值观等领域的教学更适合以体验的方式来进行,很多学科的课堂活动很适合这种深入情感层次的体验活动。在设计这个活动时,教师要引领学生凭借情境展现的生动形象,带着与作者共鸣的真切情意,全身心进入角色去亲历体验。忘我感悟不仅是感悟外在的活动情境,而且更为重要的是借助一定的教学情境,进入教师预设的学习过程中。此外,教师也要密切关注知识和情感的生成过程,引发学生更高层次的感悟和体验,让学生在亲历中进行归纳,印证并内化为自己的感悟和体验。

案例 3-10   由文本阅读感悟外在情境

《在埃及数骆驼》一文不论是埃及还是骆驼,学生都没有实际亲身体验,这时候教师就需要利用文本特征进行分析,从而让学生在文本中品悟域外风情。本文通过对所见所感的描述来抒发情感。

就《在埃及数骆驼》一文而言,文中对骆驼进行了几个方面的描写,如金字塔脚下、沙漠里的、街头的骆驼。

"巍峨的金字塔脚下,一定还有几个小黑点——没有它们,画面就显得单调。那是骆驼。"(第1节)

"生活在沙漠里的阿拉伯人认为,大个儿的骆驼最美。"(第2节)

"走在埃及首都开罗街头,经常能邂逅这种美丽的动物。""不紧不慢""优雅"。(第3节)

从以上描写中可以看出,骆驼在阿拉伯民族悠久文化及旅游业中的重要地位,人们对骆驼的尊重及埃及人对绿色、红色的喜爱。

除此之外,文章还进行了点面结合、多角度的描写,用与骆驼有关的文艺活动、旅游纪念品、谈判室、骆驼贩子们等侧面描写方式展开了对骆驼的描写。

学生通过文本解读,真正悟到了:骆驼的崇敬渗透在阿拉伯悠久的历史文化中,骆驼也是现代埃及的旅游标志之一,它融于埃及人的日常生活中,是他们的经济来源之一,更是埃及文化活动的重要组成部分,所以说,骆驼的气味是"纯正的阿拉伯乡土味"。

(二) 联一联

新课程要求我们改变传统的教学观念,教师要让每一个学生以轻松的心情去认识多姿多彩,与人类息息相关的各门学科。教师要善于挖掘教学素材,向学生提供学习的信息,让学生学会处理信息,在对信息的处理过程中生成知识,同时也能让师生共同享受学习新知识的快乐。在教学过程中,教师需要鼓励学生联系实际生活和社会动态热点,让知识在关注生活和社会中生成。学习知识的最终目的在于应用,在于为人类更好地服务。很多学科都是与生活紧密联系的。

案例3-11 借助生活经验理解理化新概念

环境保护方面的空气质量日报、节能减排、苏州河治理、环保装潢材料等;超市购买的冰箱除味剂、食品干燥剂、暖宝宝等;家庭生活中发酵馒头、腌制皮蛋的过程;洗涤用品的酸碱性;厨房燃气的安全使用等这些都与化学息息相关。在教授"化学反应速率"这一概念时,我们可以让学生先联系生活中的实际来谈谈有快有慢的那些事儿,从学生的原有经验引入学习,切合学生的生活实际,降低概念学习的门槛;然后借助物理学科知识来学习化学概念。物理课上有哪些概念来描述物体运动的快慢?化学反应也有快慢之分,我们能借助物理学科中的哪些概念来表示化学反应的快慢呢?

通过联系生活实际和学科知识两个活动,一方面激发学生对化学学习的兴趣,另一方面能够让学生在体验中更深刻地理解这一概念。

(三) 赏一赏

一千个读者有一千个哈姆雷特。课堂上赏一赏是一项审美活动,它需要通过自己的思维活动,如观察、判断和想象来感悟课堂上所呈现的知识。这种活动需要个人的审美感受和情感体验,而情感教育是课堂教学目标不可或缺的一部分。对学生进行情感教育,让学生在课堂中获得丰富的学习体验,产生多样的学习感悟。

学科教学的目标之一是情感目标的达成,课堂上的赏析活动能有效地提高学生的审美能力,促成情感目标的实现。

案例 3–12　多媒体助力诗词意境赏析

在诗词鉴赏课上,我们可以结合多媒体技术,不仅能够产生师生互动、学生积极投入的效果,而且能够让学生真正体会到诗词中的意境,赏析诗词中的美。

案例 3-13 基于历史背景下的赏析

在教授《破阵子》之前,通过学生前期的查找资料、制作课件等课前准备,学生了解到这首词的相关背景:辛弃疾寄给陈亮(字同甫)的一首词。陈亮是一位爱国志士,一生坚持抗金的主张,他是辛弃疾政治、学术上的好友。他一生不得志,五十多岁才状元及第,第二年就死了。他俩同是被南宋统治集团所排斥、打击的人物。宋淳熙十五年,陈亮与辛弃疾曾经在江西鹅湖商量恢复大计,但是后来他们的计划全都落空了。这首词可能是这次约会前后的作品。在课堂上,学生带着已有的知识储备和已做的课件来学习这首词,在老师的引导下思考作者前面抒发的豪情壮志是否协调?

通过赏析,学生们很自然地理解了:前面渲染的所有激情和豪迈,都是为这一句的出现铺垫,在壮与悲、理想与现实、幻觉与实情的对比中,我们体会到词人无从报国的悲伤与无奈。

二、探究类活动

探究类活动是指通过教师引导学生围绕一定的问题、文本或材料选择和确定研究问题,继而创设一种类似于研究的活动情境。组织和引导学生用类似于科学研究的方式,经历实验、操作、调查、搜集与处理信息、表达与交流等多种相对独立的探究活动,使学生积极探索,自主寻求或建构知识,从而解决问题。通过探究活动可以使学生真正了解知识的来龙去脉,有助于学生体验探究的艰辛、养成探究的习惯、养成求真务实的精神、培养坚忍不拔的毅力,从而逐渐成为一个个性品质健全的人。

（一）探一探

"问题是开启任何一门科学的钥匙。没有问题就不会有解释问题和解决问题的思想、方法和知识,问题是生长新思想、新方法、新知识的种子。"这类探究活动正是以学生的自主探究、发现问题,并最终解决问题为追求,是一种在教师引导下的自主建构。它体现了学生对于问题的自主思考、独立探索,以及自主建构知识和对问题的解决策略。探一探的课堂活动要求学生有较高的自主学习能力,搜查信息和处理信息的能力。问题的最终解决能够促进学生在知识、能力、情感、态度等方面获得全面发展。

案例3-14 实验探究课中的问题发现与改进

实验探究是自然科学研究的基本方法。例如,在学习质量守恒定律时,之前的活动,是教师直接告诉学生整体称量,进行演示实验,学生模仿实验。而现在的活动,先让学生讨论怎么称?学生开始讨论出的方案是单独称量,进而分析误差,经过方案(见表3-2)优化以后得出整体称量法。学生不仅知道"如何做",而且还知道"为什么"。

表3-2 实验方案的改进

之前
演示实验1:称氢氧化铜和硫酸反应前后的质量(整体称量) 学生实验1:称硫酸铜和氢氧化钠反应前后的质量 学生实验2:称碳酸钙和稀盐酸反应前后的质量
现在
演示实验1:单独称量 分析实验过程,有哪些原因可能导致不准确? 小组讨论方案,如何去称反应前和反应后的物质的总质量? 得出方案,采用整体称量法。

经过一系列的探究活动,学生不仅能够对质量守恒定律的概念有所理解,而且还清楚了为什么、怎么做,以此锻炼了学生的思维能力和动手能力。

(二) 查一查

调查访问是课堂中比较少见的一种课堂活动。它对学生的能力要求比较高。在调查访问的过程中,需要教师的引导,小组合作,组员之间的相互配合才能达到预期的效果。随着多媒体的发展,学生搜集信息、查找信息的能力有所提升,在课堂上更多地分享自己调查的结果和数据。这一活动的实施有效地锻炼了学生的实践动手能力。

案例3-15　简单的调查在英语课堂中的运用

在牛津英语上海版7A "Unit8 Growing healthy, growing strong"中,有一课时是谈论好习惯和坏习惯的。在学习这一课时时,主要练习"I used to … I don't … any longer. Now I …"以及给出如何保持健康的一些建议。课堂中利用小组合作,让一位学生对组员的习惯进行调查并做好记录,最后以报告的形式展示出来。

在访问的过程中,学生不仅练习了课堂上的重难点,锻炼了口语能力,而且了解到如何保持健康的方法,意识到了健康的重要性。

(三) 练一练

课堂练习是学生学习知识不可或缺的重要环节之一,也是课堂教学的一个重要的有机组成部分,它承载着巩固新知,形成能力,发展思维的重要作用。因此课堂上的练一练活动需要引起足够的重视。练习的设计既要有用,又要有趣,还要有效。因此,课堂练习设计需要我们广大教师结合学生实际及教学内容进行潜心研究。

案例 3 - 16　武术教学中动作练习及其意义的探究

初中武术教学的课前准备通常以"抱拳礼"开始,这样会使学生感受强大的气势,增强自信心。在课堂中首先会进行基本动作的示范和讲解。教学中,运用少年连环拳的攻防含义,与实际生活紧密结合,通过语言巧妙地导出每个动作,通过启发性教学激发学生学练的积极性。例如,向学生提问:"同学们,我们生活中都有哪些防守保护头部的动作呢?"让学生积极思考,并找出答案,在理解动作的基础上掌握动作,这种方法比传统方法更能活跃学生的思维。让学生在学习攻防动作的同时,在生活中也能实际运用。然后就是采用练一练的方式进行强化。

在组织学生学习组合动作时,遵循由易到难的教学原则,由教授单个防守、进攻动作到教授一组攻防组合动作,根据学生掌握程度和练习的熟练程度变换教学节奏。练习过程按照递进的教学原则,先是集体练习;再分组练习,教师进行巡回指导,个别纠错,最后集合指出共性问题。

三、语言交往类活动

教与学只有在双方共同交流、沟通、协商、探讨,在彼此平等、倾听、接纳、坦诚的基础上,才能真正实现它的意义和价值。语言的交往目的是让人与人之间产生作用,离开语言交往的教学终究不会产生实质性的意义。因此语言交往类活动渗透在各种类型的活动中,充当着课堂上各种活动的中介作用。通过语言类的交往活动,师生、生生之间才会有心灵的交融、观点的碰撞、思想的不断交锋、合作探究,共享知识与智慧、思想与精神、经验与情感,最终实现教与学的统一。

(一) 论一论

课堂活动讨论法是学生在教师的引导下,围绕某一生活问题或者是社会现象,将班级学生分为若干小组进行讨论,之后学生与学生之间,学生与教师之间进行讨论。通过此方法,可以让学生在课堂中各抒己见、辩论,从而相互反驳与启发。这是一种最终目的是为了解决问题的教学方式。

案例 3-17 历史课堂教学中的思与辩

在教授《认清基本国情》一课时,将统一的多民族国家中实现祖国和平统一作为讨论的重点。在教学之初,教师可以通过历史来进行引导,该讨论内容主要是香港特区区徽和澳门特区区徽,结合多媒体技术资源播放视频或者图片,学生可以利用这些资源或者是通过阅读书中的图片和资料来进行含义讨论。教师可以将学生分组进行讨论,待讨论结束后,将学生讨论的结果进行汇总。最后由教师进行评论与总结。

这样的课堂活动能够让学生真正成为课堂的主体,充分发挥学生的主观能动性。

(二) 唱一唱

课堂前的导入可以引起学生的兴趣,集中注意力。因此唱一唱的课堂活动环节可以调动学生的多种感官,让学生在轻松愉快的氛围中开始学习。除此之外,教师也可以在课堂中转变教学内容,将其变成唱的形式来鼓励学生大胆发言。

提到唱这一课堂活动,我们潜意识认为它是音乐课的特权。但是对于语言的学习都可以采用唱一唱的形式展开。

案例 3-18 英语中的音标教学

教师可以利用说唱中的节奏拍打进行音标的教学,再如,语文中的诗词教学。对于古人的诗词,学生无法做到像理解白话文一样去感受诗词的美,也做不到学完就记住诗词。如果教师能够在课堂上大胆地将语文诗词课变成音乐课,学生会有不一样的体验。例如,明·杨慎《临江仙》:

滚滚长江东逝水,浪花淘尽英雄。是非成败转头空。青山依旧在,几度夕阳红。白发渔樵江渚上,惯看秋月春风。一壶浊酒喜相逢。古今多少事,都付笑谈中。

这是一首咏史歌,借叙述历史兴亡抒发人生感慨,豪放中有含蓄,高亢中有深沉。与其让学生根据教师的朗读去感悟词中的情怀,不如借助多媒体技术,播放根据此词改编的歌曲,学生们在唱的过程中更加身临其境,体验诗词的美。

(三) 说一说

教师应该本着"以人为本"的思想进行教学工作,改变传统教学中的思维惯性,把课堂的主动权还给学生,尝试着让学生大幅度地参与课堂。把之前老师讲得好转变为学生学得好。因此课堂活动应该多鼓励学生积极发言,教师则作为倾听者和引导者。这样的课堂气息才是流动的,同时师生之间的互动才能和谐展开,教师与学生才能真正成为朋友。

不论是哪一门学科,课堂上没有了学生说的参与,那这样的课堂就是沉寂和静止的。说一说活动可以应用于任何学科的多种课型。

案例 3-19　问题引导下,说说英语写作思路

英语写作课,它不单纯只是写,在正式动笔写之前,教师需要设计各种问题来引导学生进行说,只有会说了,思维才能正式被开启;只有会说了,学生写作的思路才能打开,素材才能得到积累。例如,在教授 6A "U4 My favourite job"写作课的时候,教师可以抛出问题:(1)What's your favorite job? (2)Why do you like it? (3)What do you think of it? 学完本单元的课文,学生对于职业有点了解,能够说出一些关于职业的句子以及这个职业具体的工作内容、场所等。所有的写作难点都集中在主题部分,因此主题部分的 why,教师可以引导学生说出一些关键词,然后再根据关键词组织成句子。例如,有的学生想当教师的原因有:(1)A teacher can teach children knowledge and how to learn. (2)She is happy to play with children and she always stays young. (3)She has summer and winter holidays to travel around the world. 对于语言类的学科,课堂上只有说才能有积极活跃的课堂氛围。教师要鼓励学生大胆地说。在学生说后,不论对错,都要给予一定的鼓励和表扬。

这样的课堂才能进入良性循环状态,师生在课堂上也能感到轻松愉悦。

(四) 评一评

随着教学改革,教师的教学方式逐渐发生了改变,同时也带动了学生学习方式的改变。教师建立新的教学观念,不再盲目追求升学率,学生课堂上的学习也

不再是简单的模仿和记忆,而是有了自己独立的思考,因此学生的思维能力也有所提升。课堂上的评价活动充分发挥了学生的主体性和创造性。课堂不完全是教师的评价,同时还包括了学生的自我评价和小组内的互评。

案例3-20 英语写作和阅读课堂中,基于评价表的学生互评

上海牛津英语9A U6 的"Protecting the innocent"是一堂阅读课,文章旨在通过案件推理的思维导图,激发学生深层思考,帮助其理解文章的脉络,并且能在此基础上自信表达。文章是案件推理素材,充满了挑战性和趣味性,案件的发展都需要学生进行线索的寻找,但是由于文章线索比较零碎,因此在课堂上教师会用思维导图来引导学生进行线索的梳理,同时鼓励学生利用阅读的相关技巧来寻找事实真相。最后的输出部分是需要学生站在 Pansy 的角度来复述整个案件过程,为了避免学生在课堂上开小差,教师将采用评价表(见表3-3)对其他学生的复述进行评价,同时学生也可以根据评价表进行自评。

表3-3 Protecting the innocent 评价表

Language	the third person	
Tense	the simple past tense	
Contents (the process of solving the case)	about Jenny	
	about Jill	
	about Mr. Jones	

这样的课堂活动能够提高学生的参与度与积极性。

(五) 讲一讲

著名教育家陈鹤琴提出的"活教育"理论认为:故事是儿童的一种重要的精神

食粮,故事与儿童的情感有交流作用。故事中往往蕴含着深刻的大道理,凝结着富有启迪意义的人生智慧,潜藏着巨大的教育价值。从本质上讲,我们包括我们的孩子其实每一天都在书写着各种各样的人生故事。运用讲故事的课堂活动能够集中学生的注意力,调动学生的积极性。同时,教师可以根据学生的故事进一步引导,从而高效地实现教学目标。

案例3-21　讲讲物理学家的故事

在讲授《去物理之海冲浪》这一课时,教师可以让学生讲授牛顿、伽利略、富兰克林、阿基米德等几位著名的物理学家的故事来了解和感受物理学家的科学探究精神。学生们在讲故事的过程中收获到的不仅仅是知识,同时也有收集信息和口头表达能力的锻炼。

对于很多学生来说,仅仅是听的课堂是枯燥乏味的。但是如果使用讲一讲的课堂活动,学生都会聚精会神被历史故事所吸引。但是这一活动是在充分掌握了历史文字资料的基础上展开的。学生需要通过口头语言再现物理学史情境。传统的教学,讲故事的任务基本由老师完成,但是随着课改和素质教育的推行,对学生思维能力要求的提高,讲故事这一活动由学生完成也能收到很好的效果。

(六) 赛一赛

知识竞赛以学生喜爱的娱乐方式为手段,以个人或小组为单位,以掌握基础知识为目标,通过竞争方式积极调动学生的记忆思维,使学生更快、更主动地掌握所学知识。它使原来可能枯燥没有任何趣味可言的知识变得生动有趣,并利用初中学生好胜心强、情绪外显等年龄特点激起学生参与的欲望和热情。这种课堂活动对培养学生的学习兴趣,加强对基础知识的掌握,培养学生快速反应能力和竞争意识所起到的作用是非常有效的。

案例 3－22　短、频、快的历史知识竞赛

对于知识竞赛类的电视综艺节目,如"开心词典""幸运 52"和"三星智力快车",学生们并不陌生。因此,教师可以结合学科特点和这些综艺节目的形式展开课堂教学,尤其是在复习课中可以一改传统复习课的一堂讲形式,提高复习课效率。在讲授七年级下册古代史的复习课时,因为要求学生掌握的基础知识要点较多,而且年代久远学生不容易掌握。因此一位教师在教学中就采用了知识竞赛式活动方式。以学习小组为单位,事先交代学生课前进行复习,然后在复习课中进行知识竞赛。教师在这次活动中采用的是她称为"共闯难关"的这种竞赛形式。教师事先准备好硬纸板,每张纸板上面写一个历史名词,一个学生看了之后要用语言描述出来,传达给另一个没看过的学生猜,而且在描述语言中不能出现纸板上的任何一个字,否则违规。如"武则天"这个名词,描述的学生只要说出:"历史上唯一一个女皇帝",则回答者一般都能猜出纸板上写的是"武则天"。

在活动中,学生的学习积极性空前高涨,几乎每个学生的思维都没有闲着,课堂气氛瞬息万变,这一刻还紧张不已,下一刻又已经欢声笑语、掌声频频。学生学习的主动性在活动中得到充分体现,真正表现出"我乐学"的良好学习氛围。

(七) 演一演

初中学生年龄在 12—15 岁左右,这是由童年向青年过渡,半幼稚、半成熟的时期。他们既还保留着好动、爱讲话、表现欲强的特点,又开始有了一定的理性思

维。因此,融合了口头、肢体语言表达能力,又需要一定的抽象思维能力的表演型活动是既符合初中学生年龄特点,又有利于学生发展的活动教学模式。

案例 3－23　角色扮演《狼》,感受学习文言文的快乐

《狼》这篇文章是蒲松龄创作的一篇文言文,篇幅不长,内容较为生动,但是学生对其故事情节的思路不清晰。借助课本剧的形式,让班级中活跃的三名同学,分别饰演前狼、后狼、屠夫,教师先帮学生再次梳理了故事情节,然后根据故事指导他们的排演,在没有道具的情况下,我们可以拿扫把当扁担,拿文具袋当骨头。在排演中,教师可以特意提醒几位小演员要故意演错,然后课堂上让观众来纠错。正式演出前,提醒学生要仔细观察,找到表演者的错误之处,找出错误最多的学生会有奖励。这样的角色扮演活动不仅活跃了课堂氛围,惹得大家哈哈大笑,而且还为忙碌的学校生活增添了几分乐趣,不少同学还拿起纸和笔记录表演中的错误点。表演结束后,观众们跃跃欲试,非常踊跃地举手回答。

通过有趣的表演活动,不仅帮助学生更加清晰准确地把握故事情节,而且也加深了学生对文言文字词的掌握,可谓是一举多得。

(八) 辩一辩

课堂辩论活动可以引领学生的价值观,深化学生的认知。其目的不是直接呈现知识点,而是让学生在辩论中与原有的知识结构产生碰撞,从而形成真理性认识,达到教师所期望的认知状态与结果。通过辩论,正反双方的同学们所表述的论点、论据虽然可能会显得稚拙、不周、不全,但是却反映了同学们对这个问题的独特见解,是最真实的想法。辩论可以坚持真理,提高思维能力,增长聪明才智,

增进人与人之间的了解，促进沟通与合作。

有老师曾说过"政治课最大的特点就是历史性、综合性和多样性，没有唯一答案，也没有最好的答案，对学生而言，最大的价值在于思辨……"因此在政治课堂上如果用辩一辩的方式展开课堂活动，学生在运用辩证思维思考的同时，也形成了正确的三观。

案例3－24　《人贵诚信》一课中的辩论

在讲解《人贵诚信》一课中，组织正方：诚信做人不吃亏，反方：诚信做人会吃亏。在第一阶段，双方陈述观点：

正方：我方的观点是讲诚信不吃亏。墨子曾说过"言不信者，行不果"。我主要从三个方面阐述我方观点：对个人而言，诚信待人会赢得他人的信任与尊重；对企业而言，诚信会赢得信誉，是企业的无形资产；对政府而言，诚信会赢得百姓的拥护和支持。所以我方认为讲诚信不吃亏。

反方：我方认为讲诚信吃亏。当今社会上老实人总是吃亏。而那些不讲诚信的人总是平安无事，坐其享乐。我方是从三个方面来证实的。第一，我方认为学习上讲诚信吃亏。平时考试大家会发现一个问题，成绩好的有时会考不过成绩差的同学，原因嘛，当然是作弊了，所以好同学讲诚信会吃亏。第二，遵纪守法会吃亏。社会上骗子横行，当我们在指责骗子言而无信时，他们正高兴地数钱呢，吃亏的还是老实人。第三，交友诚信会吃亏。诚信意味着付出时间和金钱，与朋友相约，朋友不诚信，吃亏的还是自己。

第二阶段进行盘问阶段；第三阶段进行自由辩论阶段，最后教师进行总结发言。

在辩论的过程中,学生个体的每种观点会和其他观点碰撞、交融,学生的思考就能更深入、更全面、更开阔,这有利于他们达到辩证思维的深度。

(九) 玩一玩

游戏教学是教师融合了特定教学内容于游戏活动中进行的教学,使学生轻松、愉快、有效地掌握知识,在游戏中锻炼体能,满足情感,提升品德素养。游戏带有"玩"的色彩,但又与学习的内容有关,游戏是活动形式而不是目的。要让学生"玩"得开心,又要诱导他们从中悟出道理。游戏教学能较好地满足青少年游戏的天性,又能有效地实现教学目标,提高学生的学习成效,促进学生全面发展。

案例 3 - 25 《亲近陶瓷艺术》一课中的拍卖情境

在美术《亲近陶瓷艺术》一课中,学生对陶瓷并不是很熟悉。要在课堂上提高学生的学习兴趣和活跃课堂氛围,游戏教学是最好的选择。本课设置古董瓷器拍卖会游戏情境,请一位同学担任拍卖人,其他各小组各选一位竞买人,对老师给出的瓷器图片进行出价,老师需要对拍卖展品作细致的讲解。

这一活动的展开为新知识的学习提供了游戏的情境,学生的学习兴趣被充分地调动起来,同时学生又在玩的过程中学习了瓷器的知识。既满足了学生玩的愿望,又达到了学习的目的。

四、创造类活动

创造类活动重在培养学生的求异思维与创造品质。它鼓励学生敢于质疑、勇于探索、大胆创新，只要学生能发表超越自己、超越过去、超越他人的意见，便可认为是"创造"。它根据教学内容、教学资源和学生实际，提出一些开放性、答案多元的问题，借以引发学生思考问题角度的新颖性与独特性，让学生大胆怀疑现有结论，勇于尝试获得新的结论。教学中，教师要敏锐地发现学生具有的独特性和新颖性的思想，并给予及时的鼓励。

（一）创一创

创造是人的主体性发展的最高境界，我们课堂教学的任务之一就是要着力于学生创造性心理功能的不断开拓和丰富，而活动教学为其提供了契机。创造型活动教学重在激发学生的创造动机，培养创造态度和形成创造性人格，在进行这种活动时可鼓励学生在课堂中直接进行创造性活动，学生现场发挥的才智往往会令人惊喜。

语文中情景剧创作、故事创作等课堂活动不仅能够引导学生在生活中学习语文，而且还能将语文学习的成果运用于生活实践中，进而能够加强语文与生活的联系，激发学生们学习语文的兴趣。

案例 3‐26 《变色龙》改写

在学习《变色龙》一文时，我们分析了完奥楚蔑洛夫这一人物形象特点。在课堂活动中，我们可以用创作的形式，让学生根据这一人物性格，结合小说内容，合理地续写他穿过市场的广场径自走后发生的事情，以此来促进学生对小说主题有进一步的理解。同时，我们也可以给学生一定的空间和时间，让学生根据某一主题进行故事的重新创作。

在创作的过程中,学生们的积极性有所提高,写出来的故事涉及的题材会比较广泛。每个学生都可能是读者和作家,都会很期待新故事的产生。

(二) 改一改

课堂活动是教学的一种形式,并不是教学的目的。开展活动的目的是让学生在活动中积极、主动、自觉地学习知识。因此开展的活动必须是自己的,是学生所喜爱的和自主的。课堂上所学的知识如果可以让学生自己进行改编成内化的知识,转变成自己所能接受和容易理解的点,教与学也就达成了一致性。

在语文的诗歌教学中,对于诗句中写景的句子,以课堂练笔的形式进行呈现,学生们会展开联想和想象去描写画面。通过学生的文字,教师可以感受到学生们沉浸在世人所描绘的意境中并且真正感受到诗歌中的美。

案例 3－27　诗歌意境的联想与描绘

王绩的《野望》中:“树树皆秋色,山山唯落晖。牧人驱犊返,猎马带禽归。”学生的改写如下:“层层树林被秋色笼罩,在夕日的余晖下更显静谧,起伏的山峦只见落日的余晖,牧人开心地赶着牛犊回家,猎人吹着哨驮着猎获的鸟兽归来。”

案例 3－28　基于想象画面的改写

学生对陶渊明《饮酒》其五进行了如下改写:

独隐入深山,手提一壶琼浆,卧下,折取身边的一朵菊花,清雅高洁,似这群山! 起身,向前过去,山间的云气开始聚集,放眼望去,仿佛是庐山,似真似假,虚虚实实,实实虚虚,夕阳即将落下,山间的云气,好像翻滚的海浪。忽有阵风袭来,一行白鹭直上青云,我望向远处,层层叠叠的山谷外是一片盛地,我涔涔落下泪来，独饮一壶酒，菊花的气息再一次来临，我醒了，周围却仍是如此喧嚣扰攘的尘世，回想我那永远到不了的地方，心中满怀话来，无法用言语再分辨清楚。

通过改一改的教学活动，学生不仅内化了所学的知识，而且也有效地锻炼了自己的想象力，感悟了诗人的情怀。

五、操作类活动

操作类活动是指在教师的指导下，学生通过动手、动眼、动口和动脑，在实际操作过程中获得知识、发展观察能力、动手操作技能的活动。其目的在于既让学生动眼、动脑去观察和思考，又让学生动手去做，加强教学与日常生活的联系，激发学生学习的兴趣，巩固基础知识和基本技能，加深对所学知识的理解。

（一）动一动

新课程标准指出："所谓改变学生的学习方式，是指从单一、被动的学习方式，向多样化的学习方式转变。其中，自主探索、合作交流和操作实践都是重要的学习方式。"由此可见，动手操作能力是课程改革强调的一种重要学习能力。一些实践性很强的学科，对于一些内容如果能够亲自实践、操作再现，更容易激发学生学习的兴趣，实践操作不失为一种特别的活动类型。

案例 3-29　《串联电路的应用》一课中设计实验活动

在物理《串联电路的应用》一课中，教师可以结合小组活动设计动手实验活动，例如，小组活动：设计和制作调光灯实验。

要求:(1)小灯的亮度可以调节;(2)注意保护电路。

画出电路图,完成实验,并交流心得。通过活动,在巩固串联电路特点的同时,分析电路中的动态变化,为下一节伏安法测电路的学习作铺垫。

学生在动手实验的过程中,合作精神和探究能力也得到了培养。

(二) 试一试

邱学华先生"尝试教学"理论的核心思想用一句话可以概括为"请你不要告诉我,让我先试一试"。尝试教学提倡使用导学案,对学生的旧知有一定的了解,同时对新知中的难点进行预设和判断,要求教师出示的尝试题(问题)具有典型性,难度应设计在学生的最近发展区中,能够激发学生的求知欲和学习兴趣,能够引导学生自觉地自学课本。

案例 3 - 30   书法教学中的学生探究尝试

在传统的书法教学中,一般都是采用教师示范的方法,直接展示起笔、行笔、收笔,而书法课的模式就是老师先示范、学生练习、老师批改、总结。但是在结合技术创新的条件和环境下,我们进行了改变,将一切的主导权交给了学生,由学生大胆尝试,主动去探究笔画的字形特点与笔画特点。

案例 3 - 31   《单人旁》书写课的要点归纳

教授《单人旁》时,我们可以采用分层教学。先是出示欧阳询《九成宫醴泉铭》中的片段,请学生找出带有"单人旁"的汉字。然后出示例字,请学生尝试归纳出"单人旁"的笔画特点。待以上问题解决后,教师总结学生所讲述的笔画特点,并用"方起尖出、尖起圆收"八个字来概括,随后观看单人旁书写视频,是否符合同学们所归纳总结的特点。

通过自主观察学习,尝试归纳特点,学生经历了试错的过程,对问题有了更为深刻的体会与理解,不再是仅仅听老师的讲解,自己却从未有过亲身的尝试。

(三)测一测

教学过程中,教师的困境通常是学生应该掌握所学内容的理想程度和学生实际掌握情况之间的差距。为了提高教学效果,教师多采用课堂测试的活动对所学知识进行检测。课堂测试是一种促进学习的过程性评价,能够帮助教师了解教学过程中出现的问题,并及时调整教学进度、教学内容、教学难度和教学方法。

案例 3－32 基于信息技术手段的课堂教学检测

在英语和数学教学中,教师可以利用电子书包的各种功能随时检测到学生对知识点的掌握。例如,教师在教授牛津上海版英语七年级"Unit8 Water festival"的第三课时"A game about signs"中,可以设计测一测的活动环节,同时利用数字教材让教师得到更快速准确的课堂反馈,以及探索学生个性化学习。本课时是一节听说课,课前教师对课中的重难点进行预测,结合数字教材的"诊断练习"功能中设计两道小练习题进行检测,目的是在课堂中及时了解学生对重点知识的掌握情况,如果学生掌握不好,可以及时进行补充,提高课堂效率。在课堂中,一发布测试的练习小任务,课堂氛围顿时热烈,学生课堂参与度高。他们积极快速地完成测试练习,迫不及待地期待自己的结果,同时完成后也认真关注着统计结果的不断刷新。结果显示,近百分之九十的学生都掌握了重点句型。

测一测的课堂活动能够让学生在课堂中提升自信心,获得成就感。

不同的学科采用的课堂活动不同,每种课堂活动都有自己的特色,但是不同的课堂活动之间又是紧密联系的。学生在感悟和欣赏的体验中可以提高审美能力,在探索和操作中可以提高动手和思维能力,在辩论和讲评中提高语言交际能力,这些能力的提高也为创新能力做好了铺垫。教师想要达到教与学的统一,想要课堂生动活跃,就需要大胆地结合学科特色采用不同的课堂活动。

第四节　激兴趣,绽放自信之花

夸美纽斯说过:"兴趣是创造一个欢乐和光明教学环境的主要途径之一。"我们在课堂中要自始至终强调学生的积极参与,真正发挥其主体作用,其中培养学生的学习兴趣是一个至关重要的问题。

基于浦江一中实际学情,学校总结了"六趣"生花,绽放自信课堂——情境生趣、问题引趣、小组促趣、技术催趣、竞赛激趣、评价增趣。

一、情景生趣,让课堂充满生活感

托尔斯泰曾说:"成功的教学所需要的不是强制,而是激发学生学习的兴趣。"教师要根据教材内容,为学生创设探究情境。把枯燥的课堂变成学生喜闻乐见、人人参与的教学活动,创设有效的教学情景,吸引学生的注意力,激发学生探究的欲望,点燃学习的火花。

案例3-33 初二物理"机械运动—参照物"

在学习"光的折射"这一部分内容时,教师拿出一只碗,里面放一枚硬币,问同学们能否看到碗里面的硬币,学生都摇摇头,接着老师慢慢地向碗中逐渐加水,同学们惊奇地发现硬币出现了,教师接着问:"这是什么原因呢?"这一下子就激发了学生探究这个物理现象的兴趣。

案例3-34 上海牛津英语七年级第二学期第二模块第五单元 Model students

为了实现本节课的教学目标,教师设计了输出活动:Vote for the model students in different aspects after giving certain reasons。这是一个典型的"真实生活"的情境创设,要求学生运用输入活动中的句型完成交际任务,经历独立思考、小组讨论和全班讨论三个环节,要求学生在推选 model students 的时候必须有充分的理由,在与他人交流时学会据理力争和适当妥协。此外,该活动还呼应教学目标。

真实情景和真实任务,学生在完成任务的过程中格外认真,态度诚恳,在推荐他人的过程中发现他人的优点,被推荐的学生也增添了自信心。

二、问题引趣,让学生带着问题去探索

在教学中,教师要根据教学内容和学生实际,精心设计适当的问题,让学生带着问题去探求知识,促进学生新旧知识认知冲突的形成,在思维碰撞中形成对知识的建构。

案例 3-35　上海牛津英语　八年级第一学期第四单元
Numbers：Everyone's language

引入活动：Have a free talk on the topic "Numbers"。分析：阅读文本是说明文，内容比较枯燥，话题较难引起学生的兴趣。教师让学生谈论"数字"，旨在激活学生的话题知识，并激发学生的阅读兴趣。在活动过程中，教师提出了以下问题：Can you think of anything that is related to numbers in our classroom/in our body/in our life? What do you think of numbers? What can we do with numbers? Without numbers，what can't we do?

这些问题不仅引发了学生去认真观察、积极思考，而且一定程度上激发了学生的批判性思维，并活跃了课堂气氛。

三、小组促趣，提升学生参与意识

新课程积极倡导自主、合作、探究的学习方式，小组合作学习是当前课堂教学中，使用频率最高且较为有效的教学方式之一。另外，在学习的过程中往往有一种现象，学习基础越好，学生学习的积极性越高；基础越弱，学生往往越缺乏学习动力，甚至有的学生产生了厌学情绪。针对这种情况在教学中可以采取"小组学习"，平衡强和弱之间的关系，调动学生合作学习的兴趣，在参与过程中不断融入新的思想与内容，加强学生之间的交流与沟通，提升学生合作学习的能力。

案例 3-36　上海牛津英语初三半命题作文复习：How lucky I am to . . . !

教师为帮助学生归纳出好的作文题的标准，填写检测单，并运用检测单评价和修改作文题,设计了小组合作的活动。小组的每个学生都有确定的任务(见表3-4)。

表3-4　小组学生任务分工

角色	学生1	学生2	学生3	学生4
任务	组长(组织协调)	汇总填写检测单	选取组内一篇作文题为例,运用检测单进行评价	作汇报

教师要求学生先独立思考并罗列好的作文题的标准;然后合作讨论达成共识,填写检测单;并且合作讨论组内一名成员的作文题案例,运用检测单进行评价;依托案例汇报检测单所罗列的标准,也可引发其他小组对该小组检测单标准制定的适切性和可操作性的评价;最后教师总结、完善检测单,学生再次独立对照检测单修改自己的作文题。

学生通过小组活动总结、归纳、共同制定好作文题的标准,培养了梳理、归纳和评价的能力,这是一次自我激励、同伴互助的过程;这种合作学习的方式是为达成过程性目标而搭起的"脚手架",能激发学生学习的主动性与探究的意识,减少对教师过多的依赖和教师对课堂的过多掌控。活动的情景设计类似于项目开发,基于一个共同的问题目标,从头脑风暴到筛选梳理、归纳总结,进而到实践运用,目标性和实用性都较强,使学生有强烈的攻关意识。

活动分成独立活动与小组讨论,包括分工与合作;小组活动中有充分的互动设计,总结汇报中有来自不同组别学生的回应与反馈设计;活动的设计语境感较强,从不同层面激发和培养学生思考、协商、决策、总结和运用的能力,体现了语用和功能的价值。

案例 3 - 37　初三化学"金属的化学性质"

教师为了激发学生的学习兴趣,实施了小组合作实验,请学生合作探究金属化学性质。当学生知道要做实验后,都十分兴奋,想在小组合作实验中大展身手。接着,教师为每一个小组发放实验材料,要求学生明确分工,操作镁、锌、铁、铜与稀盐酸、稀硫酸的反应,并认真观察对比放出气泡的快慢、多少等现象。

经过小组合作参与实验,学生的学习兴趣被充分激发出来,且每一个学生都在课堂上积极参与、认真观察,深入了解了金属性质活泼性的强弱。

四、竞赛激趣,激发学生学习思维

布鲁纳在他的发现学习理论中强调,对所学的材料保持兴趣是学习的最好动机,有时需要利用外在的某些刺激,如奖励、竞赛等一些活动。课堂竞赛有助于激发学生的兴趣,调动学生的潜能。课堂竞赛可以让学生长时间保持紧张但不疲劳的学习状态,学生思维活跃,主体意识增强,能够有效地发挥自主性、能动性和创造性,充分挖掘学习潜能。在这样的活动中,学生增强了自信,愿意并积极参与到活动中。

案例 3 - 38　《愚公移山》

很多学生知道《愚公移山》这个故事,但是说一两句话就完了,于是由口头表达引入到书面文字的表达。朗读环节,虽然这篇课文听着简单,但是里面还是有许多容易读错的重点字音,对此,我采用了比赛接龙的方式让学生说说自己积累了哪些重要的读音,学生的积极性一下就调动起来了。然后又用分角色朗读的方式比赛评比谁读得准,学生们互评互比,课堂的气氛一下子就活跃起来了。课堂竞赛中,学生们成了课堂的主人,他们驰骋于辽阔的思维空间,不但学到了知识,而且还使师生之间、生生之间的合作、平等、自信、积极、主动等品质也在不知不觉中得到了提高和锻炼。

通过与伙伴合作学习,也提高了人与人交往的能力,培养了团队精神,发展了思维的创造力,取得了良好的教学效果。

五、技术催趣,打造现代课堂

信息技术的使用不仅能使数学课堂变得缤纷多彩,而且还能帮助教师有效地将抽象问题予以简化,促使学生更好地理解知识。因此教师要妥善利用信息技术,为学生呈现一个精彩的课堂,同时最大限度地保证课堂质量的提升。

案例3-39 《物质从溶液中析出》

化学《物质从溶液中析出》一课。教师为了激发学生的学习兴趣,可以在课堂上借助多媒体展示视频资源。在多媒体视频资源中,本节课利用了很多视频以及美丽的图片。比如,视频——美丽化学,一滴水中的变化引出物质从溶液中析出的课题。视频画面美丽、震撼,把学生的注意力吸引到课堂上。每一个环节都有一个视频作为引入,例如,用视频"海盐传奇"引入蒸发结晶,用"天气瓶"引入降温结晶,课堂最后视频——"天空之境茶卡盐湖"。视频有的是中国神话故事,有的是中国的美丽风景,还有身边的美丽物件,这些视频让学生获得美的享受,感受到中国历史的博大精深以及美丽风景,增强民族自信心。另外,很多晶体的漂亮视频以及试管中培养的硝酸钾晶体也给学生带来视觉上的冲击。

案例3-40　英语口语学习

为了激发学生英语口语的学习兴趣。英语教师指导学生利用一起作业 APP 进行学习。教师还利用 APP 中的趣配音,鼓励学生进行口语练习。作业前,教师对配音材料进行了仔细筛选,教会学生把握语境,说话者的语言特点、感情,此外还要注意语音、语调及节奏。通过自主练习完成个人的配音作品后,全班进行展示,采用分小组讨论的方式,从发音准确性、语音语调以及表演是否到位几方面进行同伴互评。此外,教师通过设置形式多样的奖项,如最佳发音奖、最佳表演奖等,让不同水平的学生都能找到展现自己英语能力的舞台。

六、评价增趣,增强学生参与信心

课堂评价作为教学评价的重要组成部分,是教师对学生课堂学习的学习效果等方面的实时评价,具有即时性、评价性、准确性等特点,因此,合理地将评价应用于课堂各环节可以使课堂问题得到快速解决,鼓励学生自主解决问题,激发学生的思维,培养学生的能力,这样才能让教师的课堂教学处于最佳和最有效的状态。

案例3-41　数学课堂教学积分机制

我校一位数学教师根据各班学生的特点,设置有效的课堂积分奖励机制。一段时间后,教师会根据每个小组的总分数多少给予分数多的小组每个成员必要的物质或者精神奖励,学生在课堂上的学习积极性非常高。

积分机制：

凡是做到以下几个方面,均加分。(1)课堂中,提出一个问题,记 2 分,指定同学解决一个问题,记 2 分;(2)教师提出问题,回答正确或有道理的,记 1 分;(3)到黑板上分析题目,记 3 分;(4)作业中错误的题目,写到黑板上,找出错误并解答,记 1 分;(5)回答解题步骤中的理由,记 1 分;(6)练习中,解答正确基础题目,记 3 分;挑战难度题目,做对另外记 5 分;(7)连续做对 3 道基础题目,记 4 分;(8)讲解题目中,遇到不会的知识点,打断教师讲话询问的,记 2 分;(9)课后找老师问题的,记 1 分。附:回答错误或者做题错误,均不扣分数,言语鼓励即可。

然而,有以下情形,扣取 1 分,作为惩罚。(1)违反课堂纪律,故意干扰他人;(2)做与课堂无关的事情,如看课外书、发呆、涂鸦等。

积累分值,设置王者荣耀等级段位。10 分为倔强青铜、30 分为秩序白银、60 分为荣耀黄金、120 分为尊贵铂金、200 分为永恒钻石、300 分为至尊星耀、600 以上为最强王者。这些分值按照学期计算,不能累计。

课堂是学生成长的主阵地,运用不同的教学方式,为学生创设一个多彩的课堂,激发学生的学习兴趣,助力学生自信成长。

第五节　勤反馈,调整自信步伐

义务教育课程方案(2022 版)强调改进教育评价,要求全面落实新时代教育评价改革要求,改进结果评价,强化过程评价,探索增值评价,健全综合评价,着力推进评价观念,方式方法改革,提升考试评价质量。方案指出,一要更新教育评价观念。倡导评价促进学习理念,注重提高学生自我评价、自我反思的能力,引导学生合理运用评价结果改进学习。二要创新评价方式方法。注重对学习过程的观察、记录、分析,倡导基于证据的评价。关注学生真实发生的进步,积极探索增值评价。关注典型行为表现,推进表现性评价。三要提升考试评价质量。[①]

教学评价反馈不仅应符合党的教育方针,而且还要符合学生的学情与个性特征,不要把学生的考试成绩作为反馈的唯一根据,而应进行定量和定性、客观和主观、书面和口头检查的结合。应该重视态度、情感和能力,并应关注过程和结果,以鼓励和引导学生全面提高学科素养。教学评价反馈是对教师"教"的过程与结果以及学生"学"的过程与结果所进行的综合性评判活动,通过反馈可以提高课堂教学质量,对教育教学有着巨大的影响和价值意义。结合我校"六字法",做好"勤反馈"环节,有效把握教学脉络和教育方向。

一、自我反馈与他者反馈相结合

孔子曰:"吾日三省吾身",作为初中阶段的学生,培养自我反思、自我反馈的能力是一门必修课程。在日常教育教学中,学生本人可进行自我反馈,通过学生的反省、检查,能够帮助学生发现自身问题,及时根据自我反省的错误进行有意识的改正,甚至自主设置改进措施,实行短中长期的调整和改善,达到自我教育、自我提升的目的。

---

① 中华人民共和国教育部. 义务教育课程方案(2022年版)[S].北京:北京师范大学出版社,2022:14—15.

案例3-42 "每日三问"和"每日三思"

我校部分班级推行"每日三问"和"每日三思"环节,在每天清晨到校后,上课前五分钟,进行清晨三问:(1)今天我要完成的任务是什么?(2)相较于昨天,今天我准备在哪一方面成长?(3)今天我最重要的事情是什么?通过清晨三问的方式,学生明确学习目标,也是对自我反馈形式的一种铺垫和自我暗示;通过一天的生活学习,到了每天放学前五分钟,老师组织全班学生进行五分钟静坐,并思考三个问题:(1)今天我是否完成了规定任务?(2)今天我还有哪些任务没有完成?是否有新收获?(3)明天我准备在哪一方面进行改进和提升?通过这种三问和三思自我输入输出的模式,不断促进学生积极的心理暗示,学生感悟在"试错"中成长,提升学生的学习积极性和学习主动性。

他者反馈的形式有很多种,主要分为:他人反馈、书面反馈、媒介反馈。他人反馈可以是学生、小组、教师反馈,例如,同学互评鉴定,借助学生朝夕相处,进行零距离接触观察的有利条件,在获得真实了解的基础上作出更为准确、客观的反馈,学生本人可以获取他人即时的反馈信息,进行有效收集、整理、反思、输出,达到问题纠正、知识补充的目的,在一定程度上起到监督督促作用。书面反馈可以是书信寄语、问卷评测、试卷练习等,以具象化的形式传达给学生直接明了的反馈结果。以数据为参照,更加具有说服力,在反馈的力度上更强,增加学生自我反省和自我改善的决心。同时也能帮助老师进行信息收集,了解大部分学生的学习目标完成度,便于及时调整课程进度和教学环节设计。

案例3-43 体育课中的过程性评价反馈

在我校某一节体育课中,老师从"运动认知""健身实践""社会适应"三个维度,对学生进行评价反馈。通过口头测试了解学生的认知基础,用行为观察考察学生学习过程中的表现,如健身参与、情感合作等指标,用技术观测关注学生技能达成的情况。通过前滚翻学习活动评价表(见表3-5),在课堂中不仅关注学生体育知识技能与方法的掌握,而且关注学生学习能力的提升及心理品质、合作交往和环境适应等体育素养的发展,力求全面、客观、公正地评价学生的课堂表现,综合反馈学生的学习成果。

表3-5 前滚翻学习活动评价设计

评价维度	观测点	评价标准	请在相应等级打"√",A 开始依次递减		
			A	B	C
运动认知	表达	能够说出前滚翻的动作要领。			
		能示范正确的保护与帮助方法。			
健身实践	观察	同伴合作互助,安全提醒。			
	思考	按照教师指令自主、结伴进行各种条件作业练习。			
	学练	能自主或在保护与帮助下进行积极学练。			
	守则	遵守前滚翻各种条件作业规则,注意运动安全。			
社会适应	自信	有积极的情感体验,勇于克服困难、挑战自我、敢于展示。			
	合作	主动保护与帮助,乐于与同伴合作交流。			

媒介反馈即是通过媒体、现代化信息技术等工具,对学生进行在线反馈,这种反馈方式有延续性和可伸展性,结合最近发展区理论,学生的反馈可以联系到近期的所有反馈结果,学生通过查阅反馈,可以自我反思近期的问题盲区和知识漏洞区域,从而进行有效的改正和弥补。

案例3-44　信息技术支持下的课堂快速反馈

我校在使用数字教材和电子书包技术后,老师在授课中向每位学生推送课堂练习题目,学生在完成答题后会立即得到反馈结果,在得知反馈后,学生进行自我纠查,了解本堂课自己对新知的掌握程度,圈画出课堂中存在的疑问点,并在课上或者课后询问他人进行解答。不仅如此,老师可以通过这种媒介反馈的方式,了解整个班级的学习掌握情况,帮助老师更加全面地进行学情分析,有针对性地制定教学设计。同时,媒介反馈的结果有一大好处,就是可以在线存储,无论是老师或是学生,都可以随时查阅某一时间节点中所有的反馈信息,便于师生期中期末的个性化指导和复习,学生也可以根据反馈信息制定短中长期的学习计划。由于媒介反馈更兼具针对性和综合性,因此它一直受到我校教师的推崇。

二、单点反馈与综合反馈相融合(综合评价)

单点反馈是指在日常教学中,针对某个学生或者某个问题进行即时反馈,并期望立即获得反馈结果和改进策略。比如,在英语课上,学生拼写单词时出错,教师可以为其指出单词拼写方面的错误,也可以继续分析单词拼写错误的原因,分析是不是由于粗心导致单词拼写出现问题,或者是由于单词记忆不牢固,或者是记忆单词的方法有问题。很多学生在学习方法上存在问题,教师可以根据科学理论以及自己的亲身经验,给学生提供宝贵意见。教师在反馈过程中,应该注意针对性,不要笼统、泛泛而谈,避免让学生产生厌烦情绪。同时,教师在给予学生反馈的时候,可以分析学生出现此类问题的原因,然后有针对性地给学生提出一些建议,鼓励学生今后避免出现同样的问题。

综合反馈是对课堂教学的教学目标、教师教学行为、学生的学习方式、教学效果目标达成度、教案课件、教学特色与创新点等方面的一次综合性反馈。无论是教师还是学生,都可以结合课堂教学综合评价表(见表 3-6 及表 3-7)进行反馈收集,从而有意识、有目的地进行调整和改正。

表 3-6　课堂教学综合反馈表

施教者		班级		科目		时间		反馈者	
课题									
反馈要素	评价标准							权重	得分
教学目标	教学目标确定科学合理;过程与方法灵活恰当,情感态度价值观切合实际。							4	
教学行为	1. 手段优化:注重课程资源开发,合理利用多种媒体教学,恰当地运用现代教育技术。							4	
	2. 组织教学:课堂整体设计严谨,善于创设情境,关注形成过程,时间分配科学。							4	
	3. 规范训练:课堂常规训练频率高、信息量大、针对性强、参与面广,突出练习为主线。							4	
	4. 教学效果反馈:分层训练、分层指导,当堂检测,体现学科特点。							4	
	5. 教材处理:创造性地使用教材,教学内容设计具有开放性、多样性和挑战性,把教材的编写思想体现在教学中。							5	
	6. 学法指导:结合学科特点和教学内容进行学习方法指导,关注学生成长。							5	
	7. 教师形象:普通话流畅,表达准确,板书工整,教态亲切,衣着得体,尊重学生,及时鼓励。							5	
	8. 教法科学:重方法、重过程、重基础、重能力,导课清晰、过渡自然、激疑引思、导学释难、点拨评议、精讲精练,体现以学定教。							5	
学生学习方式	1. 情感态度:兴趣浓厚,学得轻松,积极参与,自主性强,学生乐学。							5	
	2. 学生参与:参与知识的发生、发展、形成过程,体现学为主体。							5	
	3. 合作水平:学习气氛活跃,讨论热烈,形式多样。							5	
	4. 表达能力:表述流畅,声音洪亮,条理清晰、逻辑性强。							5	
	5. 思维品质:注意力集中,思维敏捷,记忆力、观察力、想象力、自我反思能力得到有效培养。							5	
	6. 学习方法:通过观察、交流主动获取知识,形成技能。							5	

反馈要素	评价标准	权重	得分
	7. 学习能力:预习到位、独立思考、主动探索、质疑问难,有良好的听讲、讨论、提问、书写、阅读习惯。	5	
	8. 创新能力:善于评价,敢于发表不同见解,观点新颖,敢于竞争,善于钻研,克服困难,取得成功。	5	
教学效果	检测反馈效果好,训练达到预期目标,部分达到拓展性目标,90%的学生达到教学目标。	5	
说课	说教材、目标、重点、难点、教法、学法,说流程,说反思。	8	
上传教案、课件等	教学设计、说课稿、反思、课件、数学学案。	7	
特色与创新	你认为最让你眼睛一亮的设计是: 你认为教学中最大的失误是:		
总分			

表 3-7 课堂教学评价指标体系

指标	要素	评语
参与交往状态	学生与教师、学生与学生之间是否相互尊重、理解、平等。	
	学生对学习是否感兴趣。	
	学生和学生、学生和教师、学生和教材之间是否能保持多向、丰富、适宜的信息交流。	
	学生是否踊跃地参与各项学习活动。	
	学生是否有主动合作的意识。	
	是否有的学生还能参与教的活动。	
思维状态	学生是否能发现问题。	
	学生是否能提出问题。	
	学生是否能分析问题。	
	学生是否能解决问题。	
	学生是否有创新意识。	

指标	要素			评语
学习达成状态	每个学生是否都有满足感。			
	学生是否掌握了必要的基础知识与技能。			
	学生是否获得了进一步发展的能力。			
特色				
评价等级	A	B	C	D
评价结果				

单点反馈对一部分学习能力差的学生比较适用,因为它考察的内容比较单一,能够通过短时间努力就能取得效果,这样就会使学生增强自信心,品尝成功的喜悦。综合反馈的内容可以注重应用性和灵活性,让学生能利用所学的知识解决一些难题。将单点反馈和综合反馈合理结合,会使不同层次的学生在教学中得到不同的发展。如果说综合反馈是成型的蓝图框架,那么单点反馈就是构造蓝图的砖瓦,两者密不可分。教师根据综合反馈表中的某一个点对学生进行记录反馈,学生通过对反馈结果的分析及时修正,两者相融合的方式让课堂教学有的放矢。

三、静态反馈与连贯反馈相呼应

静态反馈只是对学生实态的反馈,用量化指标标定学生课堂学习的掌握能力和水平,由此我们可以根据量化评价表获取静态反馈结果。

静态反馈可以把学生的行为和状态进行可视化呈现,便于师生分析研究,但它不能考虑学生自身情况和外界环境的影响,所以结果有很大的误差。这就要求我们必须进行连贯反馈。

连贯反馈是前后连贯的系列反馈。这种反馈有一定的局限性,需要对学生进行一段时间的观察,有意识地记录归纳学生的问题,把每次离散的反馈结果串联成连续的反馈信息,通过这种趋向性的数据分析,预测学生的发展趋势。一般以一个学期为一个阶段,将学生基础学业和核心素养等方面量化考核的结果作出结论性理性反馈:分值中学业占八五成,其余各项素养要素占一五成;位次是反馈对象综合素养定量评定在班级的排名;评定,期末班委会对反馈对象一个阶段基本素养发展状况给予客观中肯的反馈。

由此可见,静态反馈虽然有数据呈现,但是往往过于单一片面,连贯反馈虽然有综合分析,预测走向,但需要时间。通过静态反馈和连贯反馈的有效结合,既保证了完善的反馈体系,又弥补了短期盲点,两者互相呼应,互相补充。

四、过程反馈与结果反馈相链接

过程反馈是教师在教育教学活动的计划实施过程中,为了解动态过程的效果,及时反馈信息并进行及时调节,使计划、方案不断完善,以便顺利达到预期的目的。这种反馈主要以情景学习法为主,让学生在做中学。具体的过程有反馈模型(见图 3-3)。

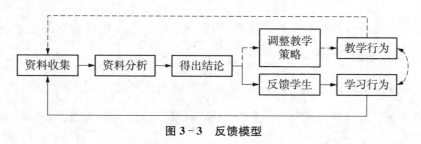

图 3-3　反馈模型

学生在教学活动中也有过程性反馈(见图 3 - 4)。

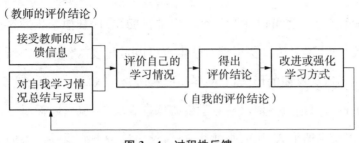

图 3 - 4　过程性反馈

结果反馈是通过一次练习或者测试,根据学生的出错点收集反馈信息,从而了解学生对某个知识点掌握的不足,这种结果反馈的方式常用于考试中。考试成绩既是学生学习能力和学习效果的检验,也是学校班级培育师生教育教学的一种最重要的抓手和反馈方式。社会和家长对孩子的成绩普遍特别重视,日后学生参加中考,职业院校录取,其依据也是学生的成绩。因此,对学生考试成绩的统计和分析必然放在老师教学和学生素养发展性反馈之列,而且在很大程度上,借助考试成绩发展变化的分析及激励,既有利于学生的管理,也能促进学生的快速发展。通过结果反馈,帮助老师快速了解学生的学习状况,并且了解学生的心理活动,能做到对班里的每个学生有最基本的把握,并且根据学生的不同问题,提出不同的意见与建议。结果反馈只是促进学生学习的手段,固然很重要,但是也要注意与教学中的其他环节相结合。因此,过程反馈与结果反馈是捆绑在一起的,通过过程反馈增加学生的认知程度,再利用结果反馈查漏补缺,两者之间是紧密相连的。

五、口头反馈与书面反馈相辉映

口头反馈是教师与学生通过口头语言进行交流的反馈方式,课堂提问、课后谈话等都会给学生提供这种反馈。口头反馈具有时效性，能对学生当时的行为给予快速反馈，是教师与学生互动时普遍采用的一种反馈形式。可以直接针对某一个学生或全体学生，也可以在对一个学生进行反馈时，其他学生通过倾听来得到这个反馈信息，也就是说口头反馈对学生也可以是间接的。几乎在所有的课程教学中都会使用口头反馈的形式，它对学生的影响是很大的。

教师不仅可以通过口语表达对学生的课堂表现进行反馈，而且还可以利用精美的卡片，以文字的形式，用鼓励性话语，对学生进行书面反馈。书面反馈是用得最为普遍的一种反馈方式。学生通过教师对考试卷面的批改、书面作业的评语、邮件内容的回复等来获得反馈信息。书面反馈信息量大，虽然不能像口头反馈那样及时，然而一旦教师给予反馈，学生就可以通过它了解自己的知识、技能的学习状况，了解自己的优点，找到自己的不足，并找到解决方案。与此同时，教师还可以让学生之间互相反馈。基于学生们学习上存在一些共性，他们之间进行反馈，更加真实，更容易让学生理解，产生共鸣。

因此在日常教学中，通常教师在给学生口头反馈时应以学生为中心，给学生及时、客观的反馈信息，配合书面反馈的加持，两者互相辉映，促使学生逐步巩固教学中获取的知识。

第六节　多赞美，催化自信果实

美国总统林肯曾经说过这样一句话："人性中最深切的秉性，是被人赏识的渴望，因为每一个人都喜欢别人的赞美。"在平时的课堂教学中，每一位学生都渴望老师对自己的努力给予肯定,而这份肯定会极大地鼓励学生继往开来、勇往直前,此时的学生心中的自信果实犹如获得了催化,学生感觉到课堂中有一股热情在激发着他,一种包容和理解在温暖着他,有了这样的课堂,学生难道不喜欢吗?

一、重复鼓励,固习惯

让一个不爱劳动的学生,去修补一下教室内已损坏的课桌或做些力所能及的事。然后在班级内对这位学生进行夸奖,他这种行为不断保持就不断予以夸奖,慢慢地他那不爱劳动的坏习惯就能消除。

案例 3-45 重复夸奖

有一位学生经常逃课,在期中考试那天,他却早早地坐在教室里。这时,老师并没有批评他,也不去追究他以前逃课的原因,而是当着全班同学的面说:"××同学深感自己经常逃课的做法是错误的,他下决心要改正这种不良习惯,大家给予鼓励。"期中考试以后这位同学每天能按时到校,老师又说:"××同学并不是为了考试才来学校的,而是真正痛改前非了。不信大家看以后这位同学的表现。"经过重复的夸奖,这位学生再也没有逃过课。

二、及时表扬,正体验

当某一个学生在某一方面有一点进步时,不要视而不见,而要作出迅速的反应,及时把"赞美"赏给学生。

案例 3 - 46　捕捉表扬的机会

有位学生不太爱学数学,这是一个缺陷,因为学生应全面发展。可是平时不爱学数学的他却在今天做出了一道难题,虽然这是他偶然的一个现象,但老师应赶紧捕捉住,不要失去机会,要及时给予夸奖。"这位同学其实在数学方面很有天赋,相信他以后还会做出更难的题。"这样夸奖和鼓励以后,会促使这位学生弥补不爱数学的缺陷。

三、暗示表扬,提自信

心理暗示对一个人的作用是非常大的,也往往对一个人良好心理素质的形成起着决定性的作用。西方心理学家曾做过这样一个实验:他选择了一位相貌非常普通,又有些自卑的女学生,在她本人不知道的情况下对班里男生说:"你们开始给这个女生写信,称赞她的相貌,表达对她的喜爱。"经过不长的时间,这个女孩的确显得漂亮了,也变得更加自信了。由此可见,心理暗示可以改变一个人的生理,也可以改变一个人的心理。我们教师也应利用这一方法,对学生进行暗示夸奖。

四、多方褒扬,得提升

在教学中,有些老师只对学生学习方面进行夸奖,而不管其他方面,这一点很不可取。我们应该对学生进行多方位的夸奖。不但在学习上运用夸奖和鼓励,而且在学生的心理素质(如学生的性格、耐受力、勇敢、大方等)方面、道德表现方面

（如学生是否帮助过同学、关心别人等）；健康状态方面（如学生的身体、抵抗力等）、自在状态方面（如学生学习的兴趣、学习态度、上进心、自理能力等）都要实施欣赏和夸奖。这样才能使学生各方面得以发展。

五、凸显优点，促发展

爱因斯坦曾这样说过：别人赞美他思维能力强，有创新精神，他一点都不激动，他作为大科学家听这类话听腻了，但如果谁赞扬他小提琴拉得棒，他一定会兴高采烈。因此，赞扬不要老是停留在学生习以为常的优点上，而是要去挖掘学生身上一些鲜为人知的优点，表现出教师的独特眼光，让学生得到一些新的肯定，效果反而更好。

这就要求我们教师在教学中善于捕捉学生身上的闪光点，并及时给予肯定和鼓励，多给学生创造成功的机会。

案例3-47 强化优点赞美

有个学生学习很差，但他语言模仿能力很强。老师在讲英语课文时，要求学生分角色朗读课文，老师有意识地请他朗读情景对话说的话，当他用英语把人物情绪读得活灵活现时，同学们都报以热烈的掌声。我从讲台上走下来，对他说："你比老师读得都好，你真行！"从此以后，无论在课堂、还是在课外，老师都给他更多的表现机会，充分发挥他的聪明才智，树立起"我能行"的信念，增强他的自信心，学习成绩也随之提高了。

六、给予期待,扬士气

在学生最少期望时给予赞扬,不但容易让学生领受你的赞扬,其内心还会产生压力:没做好,还被老师赞扬,真不好意思。这种压力会激发学生更加努力。

如果今天对某位学生找不到夸奖的理由,就请把明天的夸奖透支给今天。因为鼓励学生的本质就是对他明天的欣赏和夸奖,是对他欣赏和夸奖的一种透支方式。

案例3-48 给予希望而非压力

当某位同学在一次考试中成绩不理想时,不要强迫他,而是去说:"别灰心,你曾考过九十几分,还记得吗? 下次你一定还会考出九十多分的。"这样一来,学生的顾虑消除了,心理压力减轻了,包袱卸掉了,又得到了老师的鼓励。以后他一定会加倍努力,暗暗争取下次考试取得好成绩。

七、微笑管理,表心迹

微笑能给学生带来亲切感。灿烂的笑容,可以赢得学生的爱戴,且常成为学生笔下描绘的素材,给学生心里留下持久的印象。当你想激发学生的斗志,当你想与学生进行情感交流时,不妨轻轻一展笑容,就胜过千言万语。作为教师,在教育学生时,千万不要吝啬你的微笑。

赞美是自信果实的催化剂,它能激发学生课堂上的积极表现,作为教师不能吝惜自己的赞美声,用赞美压倒一切批评、训斥和抱怨,让整个校园充满生机、活力与自信。

综上所述,无论是"自信课堂""六字"教学法中哪一个字,都有一个共同的特点:以学生为本。这突出强调了《义务教育课程方案》中"为什么教"和"为谁教",需要我们深刻理解课程的育人价值和落实育人为本的理念。知识的学习是无穷尽的,关键在学习知识的过程中,能够培养学生健全的人格和解决问题的能力。同样,"自信课堂"强调一个人的自信不是与生俱来的,每个人能力有所差异,但是面向未来的态度应该是一致的,我们相信自信的课堂能够培育自信满满的一中人。或许每一堂课不能都做到"自信课堂"的"六字"教学法中的每一个字,但是每一次课堂教学一定会有所侧重,日积月累,学生在自信的课堂环境中不断成长,在不同的层次上,面对不同的困难,都会拥有那一份自信。

第 四 章

学校德育与品性发展

育人为本,德育为先。德是做人的根本,教育不仅是传授学生知识和技能的过程,而且也是培养学生良好品格的过程。系统的德育课程、丰富的活动参与、深入的实践体验和协同的育人格局,共同奠定了学生良好的道德品质基石,形成了学生正确的世界观、人生观和价值观。

《国家中长期教育改革和发展规划纲要(2010—2020 年)》明确指出,"坚持以人为本、全面实施素质教育是教育改革发展的战略主题"[①],而坚持以人为本在教育工作中最集中的体现就是育人为本、立德树人。德是做人的根本,教育不仅是传授学生知识和技能的过程,而且也是培养学生良好品格的过程。我校围绕"自信、自主,成人、成才"的教育理念,结合生涯规划课程及家校共育模式,通过各种实践性、体验性校内外课程与活动,让学生在实践中学习,在实践中体悟,逐渐形成正确的世界观、人生观、价值观和良好的道德品质。

第一节　品性发展与生涯规划

联合国教科文组织《学会生存》中指出:"人类发展的目的在于使人日臻完美;使他的人格丰富多彩;使他作为一个人、一个家庭和社会的主要成员,作为一个公民和生产者、技术发明者和有创造性的理想家来承担各种不同的责任。"[②]生涯教育正是达成此目标的教育,是满足社会发展对人才的需求,满足学生全面、个性与

---

① 中共中央国务院. 国家中长期教育改革和发展规划纲要(2010—2020 年)[EB/OL]. [2010 - 07 - 29][2022 - 06 - 28]. http://www. moe. gov. cn/srcsite/A01/s7048/201007/t20100729_171904. html.
② 联合国教科文组织国际教育发展委员会. 学会生存:教育世界的今天和明天[M]. 上海:上海译文出版社,1979:2.

终身发展的需求。开展生涯教育可以促进学生在成长过程中学会选择、主动适应变化及促进学生终身发展。

初中生涯教育的目标是"引领初中学生探索自我的需求、兴趣、能力、价值,正确认识自我,了解社会及工作世界,对所承担的各种生涯角色有所认识,并作试探性的尝试和必要的准备",主要内容包括"自我认识、社会理解、生涯规划"三个方面。[①]

学校紧密结合学生实际,按照学生年段发展规律设计与开展相关活动,以实践与体验为主,以感悟与反思为辅,让学生在长程递进式的生涯规划学习和思考过程中,把学习和未来的生涯发展联系起来,从而明确学习目标,激发自身潜能。我们分别围绕学生的自我认知、社会理解、生涯规划、职业体验四个方面开展丰富的生涯体验式活动,通过实践探索、经验学习、交流分享等方式为学生创设生涯探索与品性培养的机会。

一、自我性生涯课程

自我认识是自我意识的认知成分,是自我调节和人格完善的重要前提。我们应该有意识地去引导孩子认识自己的性格及优缺点,明确自己的能力及兴趣。我们根据学生身心特点研发校本课程,分年段设定培养目标(见表4-1),帮助学生逐渐认识自我,探索自我,实现自我成长和完善,完成自我同一性发展,形成自我认可,并提升社会适应力,最终树立正确的人生理想和价值观。

---

① 上海市教育委员会. 关于加强中小学生涯教育的指导意见[EB/OL]. (2018 - 03 - 26)[2022 - 06 - 28]. http://edu. sh. gov. cn/xxgk2_zdgz_jcjy_01/20201015/v2-0015-gw_402152018002. html.

表4-1　自我认识培养分年段目标

年级	自我认识
六年级	了解自身的兴趣爱好、能力特长和个性特征。
七年级	完成自我同一性发展,形成自我认可。
八年级	提升自我调控、人际交往和社会适应能力。
九年级	树立正确的人生理想和价值观。

在具体实践中,我们采用客观性测评与主观性干预调整相结合的方式,帮助学生达成自我认识。先利用网络技术平台分别测评学生的核心素养、关键能力、活动志趣和职业类型倾向状况,再根据测评数据对学生实施干预调整,包括个性化生涯辅导与升学指导以及系列化生涯教育课,形成"测评—分析—干预—指导"的认知辅导模式(见表4-2)。

表4-2　"自我认识"主题活动设计

年级	实施途径	具体内容	达成目标
六年级	生涯测评	学生完成生涯测评,并结合数据结果对自我进行分析。	了解自身的兴趣爱好、能力特长和个性特征。
	生涯教育课	激发成长动力——兴趣探索。	
七年级	个性化辅导	"一对一"助力学生挖掘自我潜能,提升自我效能。	完成自我同一性发展,建立自我认同感。
	生涯教育课	挖掘我的优势——能力探索。	
八年级	家校干预	与家长配合指导学生克服成长过程中遇到的同伴关系、亲子矛盾等困难。	提升自我调控、人际交往和社会适应能力。
	生涯教育课	提升适应力——解密同伴影响力。	
九年级	分析定位	对自我重新分析并作出合理定位,明确升学目标。	树立正确的人生理想和价值观。
	生涯教育课	寻找人生的意义——我的生涯彩虹图。	

自我认识是开展生涯教育的前提,经过系列化的测评、分析、干预和指导,学生在自我特质、能力以及职业倾向方面获得了充分的认识,这不仅启发了学生更好地规划自己的学涯,而且为思考自己的生涯发展奠定了基础。

二、社会性生涯课程

指导学生增强社会意识、社会理解和社会责任感,是初中生涯教育的重要目标。其中,"社会理解"的目标包括帮助学生增强责任意识、了解社会角色与分工、形成对职业的认同以及厘清个人发展中的多种关系。基于此,我们明确了各年段学生不同的"社会理解"层次培养目标(见表4-3)。

表4-3 社会理解能力分年段目标

年级	社会理解
六年级	增强社会意识、社会理解和社会责任感。
七年级	了解社会角色、社会分工的发展动态。
八年级	形成对社会各行各业的尊重与理解。
九年级	认识个人与社会、学业与发展、当下与未来的关系。

按照由感性认识向理性认识的规律、由客观认知向主观探索的顺序,我们主要通过为学生营造多角度地接触社会、了解职业世界的机会,鼓励学生以反思与交流的方式来具体实施并达成目标。

(一) 社会考察

通过学生自己组队和家长志愿者的辅助,在寒暑假开展"走进社会"考察实践活动(见表4-4),并在活动结束后开展成果分享主题汇报。一是让学生对各项活动的参与有总结与反馈,在反思与重建中提升活动的教育效果;二是让学生通过角色浸润的方式进行探索,从"看别人做"变成"我自己做",加深活动体验;三是让学生在交流中形成思维碰撞,从而将学习到的新理念、新知识、新方法运用到生涯规划中。

表4-4 "走进社会"系列实践活动设计

年级	活动主题	活动内容	汇报交流	活动目的
六年级	走进博物馆	参观上海各大博物馆,学习如何担任讲解员,完成研学任务单。	《我的社会角色》	增强社会意识、社会理解和社会责任感。
七年级	走进企业	参观企业单位。	《我梦想的职业》	了解社会角色、社会分工的发展动态。
八年级	走进政协	围绕相关问题开展社会调研,撰写政协提案,并参与学校"走进政协"活动。	《我的研学之旅》	形成对社会各行各业的理解与尊重。
九年级	走进大学	参观大学校园。	《我的理想与未来》	认识个人与社会、学业与发展、当下与未来的关系。

(二)职业分享

家长职业分享是一种间接性地让学生接触社会、了解职业世界的方法,不仅可以让学生了解各种职业的特性,而且能有效激发学生对职业的认同。家长的职业类型多样,可根据霍兰德职业兴趣类型论对其进行分类筛选,确保分享的职业种类涵盖所有类别。在实施过程中,以一节课40分钟为单位,如果家长认为自己的职业故事内容较多,可为其安排一节课的时间;如果难以用足40分钟,则可安排相同职业类型的两位或三位家长在一节课中相继分享;如果家长的工作时间弹性较大,还可利用早自习或午自习的时间进行分享。

通过开展社会实践活动,学生对职业产生了更深刻的体悟,对自己的生涯规划有了进一步思考。例如,很多爱玩游戏的男生都向往游戏设计的工作,认为设计游戏一定很好玩。当参观过游戏软件设计公司之后,他们以往的认识被彻底颠覆了,原来游戏设计员成天做的事情就是面对着电脑进行枯燥的编程,而且他们都需要具备较高的软件设计能力,这让一些男生望尘莫及,因此调整了原先的职业理想。此外,活动还激发了学生主动思考、主动创造、主动发展,认识个人与社会、学业与发展、当下与未来的关系,了解社会角色、社会分工的发展动态及不同职业的专业素养要求,形成对社会各行各业的尊重与理解。

三、规划性生涯课程

对于初中生来说,生涯规划主要是将学业规划与职业规划相融合,培养学生形成良好的学习习惯与学习方式,明确学习目标,并明确学业与未来的职业规划的关系,为生涯发展之路铺好基石。在指导学生进行学涯与生涯规划的过程中,我们同样制定了相关目标,并依据目标,采用个性化规划辅导与整体化教育指导相结合的方式来具体实施(见表4-5)。

表4-5　生涯规划指导分年段目标

年级	生涯规划
六年级	适应初中生活,掌握学业规划的主要方法。
七年级	制定适合自己的学业发展目标和计划。
八年级	了解并认识职业的种类与特征。
九年级	初步设计合理的职业和人生发展路径。

（一）建立成长档案，制定与调整规划

从起始年级起，每个年级安排具体的生涯规划任务，并根据学生自我发展情况切实调整，最终形成班本化生涯规划系列内容。同时建立学生成长档案，让学生依据自己的优势和关键能力进行初步的生涯规划，明确各个学年的学业目标（见表4-6）。

表4-6　学生生涯成长档案设计

年级	规划主题	规划内容	规划目标
六年级	现在的我	完成心理、生涯测评，了解自我关键能力发展情况及志趣和职业类型倾向。	探索个人兴趣，激发成长动力。
七年级	四年后的我	与家长共同制定个人四年学业规划，并利用班会课交流分享，建立成长档案。	调整个人规划，探索自身优势。
八年级	发展中的我	与家长、老师共同分析个人学业目标的达成率，根据分析结果进行整改，调整规划档案内容。	切实调整目标，挖掘自身潜能。
九年级	未来的我	对四年的目标及规划做好总结与调整，为中考志愿填报做好准备。	规划未来生活，合理填报志愿。

（二）开展主题班会，指导规划方法

在建立学生成长档案的基础上，我们进一步通过班会课指导学生合理调整规划，掌握恰当的规划方法（见表4-7）。此系列主题班会完全贴合班级生涯教育年段活动目标，六年级重在唤醒生涯意识；七年级重在学习学业规划的方法；八年级重在掌握职业规划的方法；九年级以设计未来发展路径为主。整个四年的学习内容按照由理论向实践，由当下向未来，由学涯向生涯发展的脉络行进，系统性地达成教育目标。

表4-7 生涯教育系列主题班会设计

年级	授课主题	目标要求
六年级	初中,我来啦——解密初中生活 走好初中每一步——制定学业规划	适应初中生活,掌握学业规划的主要方法。
七年级	话说目标,我们不一样——学会合理制定目标 为学习持续加"油"——学会有计划地学习	制定适合自己的学业发展目标和计划。
八年级	认识职业,开启梦想——了解职业世界 "职"等你来——天生我材必有用	了解并认识职业的种类与特征,唤醒职业规划意识。
九年级	遇见未来的自己——解读中考,制定升学目标 做自己人生的编剧——规划未来的发展路径	初步设计合理的职业和人生发展路径。

学生认为,在经过生涯规划的实践与探索之后,进一步明确了自我兴趣与能力,对自己作出更合理的评价;在实践体验过程中,学生从"看别人做"变成"我自己做",对各种职业的内容与要求有了更深刻的体悟,学会具体分析自己适合什么样的职业,并初步思考自己的生涯规划,在升学选择时有了更明确的方向。

四、体验性生涯课程

职业体验活动可以把罩在某些职业身上的神秘面纱揭开,让学生看到其真容,让自己不至于隔着纱窗看朦胧。通过活动,学生可以对职业院校的专业有更具体的了解,能更明确自己努力的方向,作出合理的决策。针对不同的年段,我们确立了不同层次的职业体验目标(见表4-8),依此设计职业体验活动,学生可以通过岗位体验理解社会分工与培养合作意识。

表 4-8　职业体验分年段目标

年级	职业体验
六年级	培养岗位意识及主人翁意识。
七年级	增强社会分工与合作意识。
八年级	树立社会责任意识。
九年级	探寻自我价值,培植敬业精神。

(一) 六、七年级——本职岗位我做主

在学校,从起始年级起,鼓励学生做好自己的本职工作。通过岗位冠名,让学生知道劳动对于生涯发展的意义,如卫生角——垃圾分类员、图书角——图书管理员、黑板报——编辑与设计师、讲台整理——收纳员、班费管理——财务出纳、教室卫生——保洁员、午餐盛汤——服务员、班干部事务——人事管理。此外,以小组为单位开展捆绑式劳动评比,增强学生的社会分工与合作意识。

在家中,定期开展家庭"劳动之星"评比,让家长评价学生的劳动表现,鼓励并督促学生参与劳动任务,培养劳动意识,懂得劳动伴随人的一生。

(二) 八、九年级——职业体验我参与

在假期中,让学生跟着父母去上一天班,体验父母的工作内容。除了"一对一"体验外,还有一位家长带领多名学生的"一对多"体验,从而形成交互式体验模式,增加学生的体验机会,拓宽了体验范围。活动中,依托相应的职业体验任务单,以问题为导向,引发学生思考。

此外,我们还结合每学年开展的"走进社会"职业体验活动,鼓励并指导学生在活动中体悟劳动,通过完成和交流职业生涯体验报告,让学生明确任何职业都需要具备相应的劳动能力及素养,从而探寻自我价值,培植敬业精神。

体验式生涯规划教学不仅开辟了一种新的教学方式,使枯燥乏味的教学变得生动形象,而且也对学生的成长产生了积极影响,为学生提供了更广阔的学习渠道,搭建了接触社会的桥梁,激发学生的学习热情。

总而言之,我校的生涯规划教育为学生树立理想、合理决策起到了很好的帮助作用,还开发了学生的潜能,及时满足了广大学生和家长的现实诉求。在经过生涯规划的实践与探索之后,学生进一步明确了自我的兴趣与能力,可以对自己作出更合理的评价;在实践体验过程中,从"看别人做"变成"我自己做",对各种职业的内容与要求有了更深刻的体悟,学会具体分析自己适合什么样的职业,从而更精准地设计自己的学涯规划,并初步设计自己的生涯发展路径,在升学选择时有了更具体的指向和目标。家长通过参与活动,掌握了更科学的家庭教育理念和方法,从原本只关心孩子的成绩,到更关注孩子的品性发展,用陪伴、尊重、启发的方式鼓励孩子自主规划人生。

第二节　品性发展与活动体验

活动教育是一种重视直接经验、尊重学生主体的教育思想,同时活动教育也是一种重视学生实践和学习体验的教学组织形式。我校以党的教育方针为行动指南,在"以活动促发展"的教育理念下,持续推进"活动"在提升学生的综合素质、个性品质和道德水平方面所起的积极作用,于潜移默化中将中华优秀传统文化、红色革命精神根植于学生的心田,培养具有新时代社会主义先进文化的一代新人。同时,我校结合一中学子培养目标,以校园四大节日活动、国旗下成长、班队会主题教育活动、学生社团、校园环境等为载体,提高学生的文明意识和公民意识,把行规教育与仪式教育相融合,引导学生知行合一,践行社会主义核心价值观,增强社会责任感,培养创新精神和实践能力。

一、明确行规教育目标,内化行为习惯教育

我校十分注重以制度价值导向,推进学生自主发展。我们健全有关行规制度,如《浦江一中学生一日常规》《班级轮值周制度》《浦江一中自信班集体评选细则》《浦江一中班主任考核细则》等。并利用各种渠道,加强对制度意义的学习、交流、深化,使规章制度得到全校师生的认同,统一意志,统一行动,促进师生行规的内化,形成良好的校风、班风、学风,从而保证学校教育活动的有效开展。

(一) 明确行规教育培养总目标

有理想——树立正确的理想观、人生观和价值观,有高度的责任感。

会思辨——讲文明、明纪律,明辨是非,有良好的礼仪修养。

重行动——遵守社会公德、规范自我行为,有较强的自律意识。

能包容——身正为范,心胸开阔,有包容精神。

敢担当——拥有较高的文明素养,自强自立,敢于担当。

(二) 建立分年段习惯培养目标

根据学生年龄段特点设计分年段习惯培养目标,遵守学校纪律和公共秩序;讲究个人卫生,保护环境整洁;爱护公用设施,爱护花草树木;自觉遵守社会公德和文明行为习惯,形成学生自我教育、自我管理、自我服务、自我约束的能力(见表4-9)。

表 4-9　浦江一中分年段行为规范培养目标表

年级	行规教育
六年级	明规遵纪　文明自爱 通过树立学生规范意识、培养良好习惯。熟悉中学生行为规范要求,逐步把学生培养成讲文明、明纪律、具有良好礼仪修养的一代新人。
七年级	明礼守则　规范自律 继续加强行规养成教育,加强学习习惯的养成。遵守社会公德、规范自我行为,提升自律意识。
八年级	明理辨非　包容自省 在日常行规养成教育的基础上,引导高年级学生明辨是非、身正为范的示范作用以及包容精神。
九年级	明责懂法　担当自强 强化学生的日常行为习惯,提升学生的文明素养,深化能自强、敢担当的责任意识。

二、强化仪式教育,搭建自信成长平台

学校组织好开学典礼、每周一次升旗仪式、新团员入团仪式、少先队换巾换标志仪式、十四岁生日以及元旦、学雷锋纪念日、清明、五四青年节、七一建党日、教师节、重阳节、国庆节等重大节日的节庆仪式。各种仪式活动有机融入爱国情感、历史文化和基础道德等教育内容,每次仪式活动都放手让学生自主参与、自主管理,力求增强学生在活动全过程中的体验感悟,仪式活动的形式按不同的类型和学生的年龄特点,采用适宜的形式,切实发挥各种仪式活动精神教育的功能,引导学生做一个有理想、有目标、有责任感,热情善良、开拓创新、锐意进取的社会主义新人。

(一) 自信宣言——发挥国旗下讲话的育人价值

"国旗下讲话"不仅是爱国主义教育阵地,而且也是学生价值观塑造和思想引

领的重要平台。是学校向师生、家长、社会传递教育理念、展示教育内容、分享实践成果的公开课，它以庄严肃穆的仪式感和与时俱进的教育性滋润学生的心田，引导学生的行为。为了落实立德树人的根本任务，我校以"国旗下讲话"系列活动为抓手，使其从零散的主题逐渐走向课程化体系（见表4-10）。

表4-10　我校部分国旗下讲话主题发言

系列讲话内容	发言主题	发言要点
校园阶段纪念仪式	开学典礼	分享本年度一中师生佳绩 回顾中国共产党的奋斗历程 感受中国力量（奥运会、袁隆平的禾下乘凉梦） 呼吁一中学子勇担责任，努力学习
请党放心 强国有我	我是一中小主人，我为一中发声	何为少代会 大队委换届选举 提案撰写指导
信念的颜色：中国红	时事热点播报	成功研制出量子计算机九章二号 第四届中国国际进口博览会在上海召开 刑法惩处台独顽固分子 航天员翟志刚、王亚平身着我国新一代"飞天"舱外航天服，先后从天和核心舱节点舱成功出舱 十九届六中全会召开
中国精神勇传承	同心抗疫 其利断金	分享抗疫故事 感念抗疫英雄 感悟抗疫精神
传统佳节在我心	九九重阳节	分享"是否知道父母生日"的调查数据结果 何为老龄化社会 我们该如何尊老爱幼
生命安全 重于泰山	消防安全伴我行	我国第28个全国"消防日" 发生火灾的主要原因 在家里、在学校我们该如何防火 （学生现场学习如何使用灭火器）
聚焦突破 坚持不懈	学习经验交流分享	复习动员 学习经验分享（教师分享 & 学生分享）

（二）自信实践——丰富个性实践体验，适应自信成长需求

校园节日文化是以节日为载体，以学生特有的思想观念、心理素质、价值取向、思维方式等为核心，以具校园特色的人际关系、生活方式、行为方式，以及由学生参与的文化、体育、思想教育活动和各类文化设施为表征的精神环境、文化氛围。通过组织学生开展规范的仪式，让学生感受仪式的庄严，感悟理想信念的神圣，对学生的道德观、人生观、价值观的形成都会产生积极的影响。

1. 围绕校园四大节日，有计划地开辟专题培训讲座，例如，"昆曲进校园"活动前指导学生"如何学会欣赏高雅艺术"；"名家进校园"活动前指导学生"如何与作家对话"等，每一次组织者都会精心设计主题，将理想、责任、信念等德育元素融入活动之中，并努力将活动策划得生动活泼，有特色、有质量。

2. 学校尝试创新课外教育活动，将社会实践体验活动打造成校本特色项目课程。例如，中预年级开展入学教育的延伸项目——拓展训练"学军人　懂行规"活动；初一年级开展"安全训练营"体验活动；初二年级更是整合本土资源，把"十四岁生日"活动通过"走进企业，与企业家对话""走进古镇，探寻历史古迹"及"古镇寻宝，庆十四岁生日"三大板块开展；初三年级开展"我的大学梦——交通大学探寻活动"等，让课外教育活动与学生的生涯教育、生活实际联系得更紧密（见表4-11）。

表4-11　我校仪式教育活动内容

分类	活动主题	活动内容
校园四大节日	体育节	每年10月是我校的体育节，旨在通过丰富多彩的活动，激发广大学生在积极参与中锻炼强健体魄，培养健康身心。通过体育节，鼓励一中学子在享受运动的快乐中展现特长，用运动彰显学生的活力与自信。在体育节各项活动中，一中学子尚德健体，发扬体育精神，共享阳光，展示自信风采。

分类	活动主题	活动内容
	艺术节	每年 12 月的校园艺术节,旨在推动学校艺术教育的全面健康发展,提供实践的平台展示学生艺术才华,让学生在实践中传承经典、感受亲情,提高综合核心素养,进一步推动学校艺术教育的健康发展,促进每位学生掌握一项艺术表现手法并具有一定的艺术表现力、创造力、鉴赏力和审美能力,促进学生德智体美劳和谐发展,全面提高学生综合素质。
	读书节	我校将 3—4 月冠名为"读书月",在读书节引领的读书月中,我们倡导日日读书、月月读书的校园常态生活,立志于学、感、思、悟的读书为学之道。力求通过形形色色的阅读活动,丰富学生的阅读体验,用阅读引领成长,让读书成为成长需要,推进书香班级、书香校园建设,让一中的学生在经典阅读中陶冶情操,在人文关怀的情怀中体验自信。
	科技节	作为闵行区科技特色学校,我校每年 5—6 月开展科技节,结合闵行区校园模型节活动,围绕学校自信教育,全面推进素质教育,通过科技节活动增强学生的低碳环保观念,激发学生爱科学、学科学、用科学的热情,培养学生的创新精神和动手实践能力,为实现"一生一特长"的目标搭建平台,共同营造爱科学、爱创新的良好校园氛围。
少先队仪式	少先队队风队纪大赛	为发挥少先队组织优势,培养少先队员严密的组织观,严格规范少先队队风队纪,促进良好行为习惯的养成,我校开展这一大赛。大赛包含比队列赛整齐、比三级报告赛规范、比戴红领巾赛端正、比敬队礼赛正确、比队歌赛嘹亮、比呼号赛坚定等六个方面的内容。
	少代会	少先队代表大会简称少代会,队员代表在参加少代会的过程中,商讨、决定一个时期队的重大事务,选举产生队工作领导委员会。队员们通过参加少代会,学习民主、发扬民主、培养民主能力和主人翁思想,思想得到了提高,才干得到了锻炼。
	六一活动	少先队员以讲党史、颂党恩、学先锋等丰富多样的形式共度节日。开展红色故事分享、劳动教育实践、文艺节目展演等活动,展现少年儿童快乐生活、茁壮成长的良好风貌。为校级"十佳自信美少年"颁奖,一中学子在活动中表现自信风采。
	学雷锋活动	结合学雷锋开展形式各样的志愿者活动,学生们走进养老院、走上街头、走进社区、走进志愿场馆,尽己所能开展志愿服务活动。在志愿劳动的同时,体会雷锋叔叔的可敬可佩之处,明白志愿精神的可贵之处。
	寒暑假志愿者行动	

分类	活动主题	活动内容
分年级仪式	六年级红领巾换戴仪式	通过庄严的换巾仪式,引导少先队员重温少先队标志——红领巾的意义,回顾在少先队组织教育下的成长足迹,从而激发队员对少先队组织的热爱,增强队员的荣誉感、使命感与责任感。
	七年级重温铭言仪式	通过重温铭言仪式,使少先队员能牢记自己的使命,为实现中华民族伟大复兴的中国梦而不断努力。
	八年级十四岁生日仪式	引导青少年珍惜青春年华,感受成长的力量,懂得在成长的道路上承担自己的责任,感恩人间真情。
	九年级毕业典礼暨离队仪式	通过规范、标准的离队入团仪式,使学生体验到了共青团员的先进性、光荣感和责任感,提升了共青团的凝聚力和吸引力。

(三) 多元评价——激励表彰,实现典型示范引领

培养学生初步具有"五爱"的思想感情和良好的品德;具有健康向上的意志品格和活泼开朗的性格;少先队员要积极参加团队活动,在集体中要团结、谦让、互助、合作、关心他人,自觉接受党的教育,做党的好孩子,做集体的小主人,做合格的小公民。学校探索丰富的评价机制,发挥评价的激励、引导作用,促进学生自主形成良好的文明行为习惯。

首先,开展人人争当"自信美少年"评比活动,三个阶段、自信少年、人人参与。鼓励学生共同参与自信集体评选和自信少年评选的细则修订,并参与评比活动。中预、初一自信少年踊跃参加学校志愿者行动,使更多的学生们意识到自己在班集体中的作用,体会到"我很重要"的价值,积极为班集体建设贡献力量。开展各类表彰活动。学校保留了传统的评选项目,如"雏鹰假日小队""优秀队员""卫生示范班"和"红旗中队"的评选等,同时结合自信教育,每学年开展学校"自信少年"评选表彰活动。在班级,学生自己申报,走上讲台演讲自己的自信故事;在年级,各班推

荐的金、银牌自信少年走上自信大舞台展示自己的自信风采;在学校,举办自信达人争霸赛,各年级产生的十位金牌自信少年走上学校的大舞台,竞选校级"十佳自信达人"或"自信美少年"。活动让更多的学生积极参与,争取先进。

其次,开展值日天天查,让学生参与到学校的管理中来。学校各班学生都有机会参与到值日天天查工作,在学校政教处及大队部考查的基础上,由学校政教处直接管理,学生参与学校一日常规的管理等,并实行每周轮换的方式。自信少年志愿者的职责是在上学、放学和午休时段在校园内巡查,互相监督。

以"有理想、会思辨、重行动、能包容、敢担当"为核心,互动交汇,有机整合,促使学生综合素质的整体优化、交互融合和创新发展。丰富的社会实践活动,磨炼了学生坚强的意志,使其树立了理想目标。校内外的各种公益活动、志愿者服务活动、雏鹰假日小队活动等活动,培养了学生吃苦意识和磨难精神,不仅使学生增长了课外知识,增强了生活自理能力和社会实践能力,树立了社会主义、集体主义观念,而且培养了学生团结合作、自觉刻苦、脚踏实地和自强不息的精神品质。

第三节　品性发展与实践锤炼

劳动教育是中学生教育不可缺少的重要组成部分,既是贯彻党的教育方针、坚持教育与生产劳动相结合的重要体现,也是全面实施素质教育、提高青少年学生综合素质的基本途径。[①] 浦江一中坚守劳动育人主阵地,在系统的文化知识教

---

① 鲍忠良. 青少年学生劳动教育现状的实证研究[J]. 教育探索,2013(08):91—93.

学之外,有目的、有计划地组织学生在家、校、社资源联动的育人路径之下参加日常生活劳动和户外农业生产劳动实践,让学生动手实践、出力流汗,接受锻炼、磨炼意志,引导学生树立正确的劳动观,崇尚劳动、尊重劳动,逐步养成学生良好劳动品质,在丰富的劳动实践中培育一中自信美少年。

一、优化校园劳动课程体系

教育家卢梭曾说过:"劳动可以培养身心两全的人,培养儿童有农夫的手,又有哲学家的头脑。只有在劳动中人的身心才能得到锻炼并且成为全面发展的人。"生产劳动与智育体育相结合,是造就全面发展的人的唯一途径。[①] 依托文件精神和我校一直以来培养自信少年的育人方向,我校将劳动素养纳入学生综合素质评价体系,作为衡量学生全面发展情况的重要内容,制定评价标准,建立激励机制,组织开展劳动技能和劳动成果展示、劳动竞赛等活动,全面客观地记录学生课内外劳动过程和结果,加强实际劳动技能和价值体认情况的考核。

根据各年级学生年龄特点,整合优化学校课程设置。我校根据地区和学校实际,充分挖掘周边可利用资源,宜农则农,采取多种方式开展劳动教育。除劳动教育必修课程外,其他课程结合学科、专业特点,有机融入劳动教育内容,逐渐形成具有综合性、实践性、开放性、针对性的劳动教育课程体系。在一学年的上、下学期分别设立劳动周,围绕增加劳动知识、技能,开展社区服务,适当参加实践生产劳动,主要培养学生认真负责、吃苦耐劳的品质和职业意识(见表4-12)。

---

① 马克思恩格斯全集(第23卷)[M].北京:人民出版社,1979:362、530.

表4-12　浦江一中分年段劳动课程设置表

年级	劳动内容	意义
六年级	1. 参与班级值日劳动 2. 认真参与劳技课 3. 参与"农田综合课程"	开展日常劳动,关注养成劳动习惯。积累劳动经验,提升劳动技能,从而养成良好的劳动习惯。
七年级	1. 参与志愿者行动。走进社区,走进敬老院,开展敬老活动,走进身边的场馆,参与公益劳动 2. 参与红领巾值日行动	开展公益劳动,重点培育劳动精神。利用假期,以小队形式开展一些公益劳动,体会劳动的幸福感,培育服务社会、服务他人的劳动精神。
八年级	1. 参与"劳模面对面"活动 2. 参与劳动周—光盘行动	学习劳模先锋,学习身边劳模榜样。让学生寻找身边的劳模并通过采访等形式,了解劳模背后的付出。
九年级	1. 参与闵行区职业体验课活动 2. 学校开设"家长职业讲坛"	开展职业体验,核心感悟劳动价值。让学生在各行各业的劳动者身上感受到劳动的价值,尊重一切劳动者,树立正确的劳动价值观念。

二、抓牢校园劳动教育主阵地

劳动教育是一项系统工程,需要家庭、学校、社会多方协作才能形成育人合力。学校通过与多方联合开展劳动和职业启蒙教育,组织开展家务劳动、志愿服务、科技创新等形式多样的实践活动,让劳动教育融入学生学习生活全过程。

(一)爱绿护绿活动

结合植树节开展"爱护环境动起来"护绿、养绿系列活动,为美化、净化环境尽一份力。各班组织开展在校内植树、除草、松土、浇水、修枝等活动。

(二) 参与班级劳动，培育劳动精神

在班级日常中，班主任设置劳动固定岗位及流动岗位，如电器管理员、门窗管理员等，以小队形式轮流参与班级卫生值日岗位。在学校红领巾值日行动中，全体学生都要参与值日天天查行动，通过自己的实际行动，参与校园劳动，参与午餐管理，引导同学们珍惜粮食，养成节约粮食的好习惯。开展每月一次的学校大扫除活动，增强学生的劳动意识。

(三) 劳动教育班会课

将劳动教育纳入"班级主题教育活动"，利用班队会，开展以热爱劳动、光盘行动为主题的班队会，展开讨论，深入理解什么叫"劳动"，怎样做才算是热爱劳动。教师给学生讲古代名人爱劳动的故事，认识袁隆平等近代名人的劳动故事，选择我国传统文化中有关爱劳动、良好行为习惯等内涵的古诗文。

(四) "对话劳模工匠"，学习劳模先锋

组织学生积极参与市、区劳动教育活动，邀请劳模为学生做职业讲坛，学生聆听劳模奋斗者的报告，了解不同职业的劳模在工作岗位上的刻苦认真，弘扬劳动最光荣精神。

案例 4-1　设置劳动"微"岗位

在班级日常中，积极开展日常基础劳动，以"半平米、一平米、10 分钟、微细节"等微空间作为基础，设立班级日常劳动岗位，参与学校劳动岗位。微空间里设置劳动固定岗位及流动岗位，如一刻钟晨扫员、十分钟地面清洁员、一米书橱整理员、节电管理员等，岗位明确，任务清晰，让学生成为班级的主人，培养他们自主管理的能力，促进整个班集体的建设。

三、在日常生活中培养劳动习惯

家庭劳动教育是指父母或其他年长者在家庭中自觉、有意识地对子女进行的劳动教育。家庭是劳动教育的主要场所,也是劳动教育的有生力量。[①] 我校十分重视家庭在劳动教育中发挥的基础作用,家庭要树立崇尚劳动的良好家风,家长要通过日常生活的言传身教、潜移默化,让孩子养成从小爱劳动的好习惯。我校以中队为单位,在班主任的指导和父母的支持下,利用双休日的休息时间,抓住衣食住行等日常生活中的劳动实践机会,鼓励孩子自觉参与、自己动手,随时随地、坚持不懈进行劳动,掌握洗衣做饭等必要的家务劳动技能,每年有针对性地学会 1至 2 项生活技能。

(一) 自理家务劳动教育

利用"家长学校"向家长和学生宣传劳动教育的重要性,邀请家长来校开展职业讲坛,为学生讲解劳动工作的实质内容,建立"学生家庭自理劳动、家务劳动基地"。开展家庭家务劳动评比:"认菜名"、爸爸下厨我光盘、打扫卫生等家务劳动实践活动。

案例 4-2   家长志愿者微讲坛

做茶叶生意的家长志愿者姚妈妈,给同学们讲解了茶叶从种植、生长到后期制作的过程,让同学们明白劳动者的工匠精神以及新时代茶叶的绿色制作过程。

---

① 刘军豪.陈鹤琴家庭劳动教育思想的内涵、原则与路径[J].陕西学前师范学院学报,2020,36(08):42—46.

在物业工作的刘妈妈,她负责的是垃圾分类、生态环保领域的工作,她给大家展现了垃圾分类、回收与再生的过程,让同学们明白这项环保的意义与价值。

(二) 我是劳动小能手

结合五一劳动节,开展劳动周系列主题活动分年级开展劳动节系列活动,六年级学生走进厨房,动手烹饪菜肴,秀出美味;七年级学生提出劳动金点子,分享如何快速套被套、高效收纳袜子等生活小妙招;八年级学生通过"云"采访,记录身边劳动者的抗疫故事。通过多样化劳动教育活动,培养学生良好的劳动习惯及创新精神。

案例 4 - 3　变废为宝,绿色创作

各家各户都有快递盒和鞋盒,同学们和家长一起,进行亲子快递盒作品创作,小轩同学家里把快递箱制作成机器人,小奕同学家里把较小的快递盒制作成漂亮的圣诞小屋,有二宝的小芮家里把大的纸箱变成探险小屋,养猫的小昕家里把纸盒制作成双层猫舍,养狗的小彤家里则把鞋盒创作成创意狗棚……奇思妙想,齐心协力,"废品"变"创意",生活更美丽!

四、拓展劳动实践教育天地

我校统筹安排课内外时间,采取灵活多样的形式鼓励学生走向社会、参与集中劳动,利用节假日,以中队、小队为单位开展活动,激发学生劳动的内在需求和动力,引导学生从内心深处珍惜劳动成果、想劳动、会劳动。主要从以下几个板块深入落实"社会综合课程"劳动教育。

（一）志愿劳动我参与

同学们以个人或小队形式参与社区志愿劳动岗位,如垃圾分类志愿者、垃圾分类宣传者、小区环境维护者等岗位。我校学生通过调研、实践、劳动,从垃圾分类到垃圾桶的摆放位置及数量,到变废为宝,到卫生健康,到浦锦人工河护理,到家庭低碳出行日,到控烟建议,关注了社区小事、民生大事,倡导劳动,倡导环保,践行绿空间的打造。

案例4-4　关注民生,做爱家、爱社区、爱社会的美少年

小郭发现小区的宣传栏很少更新,看不到需要的内容;于是小郭和妈妈跑遍了浦锦的小区研究宣传栏,同时驱车一路开往浦西,发现小区内、小区外街道上的宣传栏很多出现问题,或破烂或未更新或闲置未使用,出现了资源浪费,于是他们开始研究宣传栏的问题、作用,并到31个小区调研,了解居民对于宣传栏的需求,完成了提案《关于宣传栏有效利用的建议》;并在疫情期间,他们和居委一起设置了一些展板、多贴了一些海报,起到很好的宣传作用。

（二）实践体验爱劳动

学生前往闵行区实践基地、梦花园等地,开始劳动实践活动。随着基地带队老师的讲解,桃树、蚕豆、樱桃树、大蒜、桑树等植物走出书本,立体扎根于学生的思维之中,在对"它的特性是什么、有什么功效、我们应该如何辨别"等问题的探究中,丰富了学生的知识,拓宽了他们的眼界。

在除草劳动中,同学们加深了对劳动的认识,用自己的实际行动亲近自然、热爱劳动、学会合作,体验劳动的乐趣,让劳动成为我们的一种生活方式。

案例 4-5   走向农田——革新村

革新村是社会主义新农村建设的典型,学生家长带领学生到农场里认识蔬菜,水果,了解如何收割、收获,观摩农民伯伯耕地、拔苗、种苗、浇水的过程。七年级上时,同学们走进农田,首次体验了松土、刨坑、育苗、浇水的农作过程。七年级下,再次走进农田,进行作物浇灌、除草的体验;八年级,收获的季节里去收获自己种植、维护过的作物,体验收获的幸福。绿色劳动教育教会学生们躬身修行,践行绿色劳动,创造价值。

劳动教育已成为我校学生生活的一部分,磨炼了学生的意志品质、树立了节粮意识。我校在德育课程体系设计中,依托校园文化营造崇尚劳动的教育氛围,宣传劳动最光荣的思想,借力家校社的协同力量创设劳动实践课程,表彰"劳动小达人",并在主题班会课中融入学生劳动价值观的正确培养。

我校以劳动实践为契机,通过分年段递进式的劳动教育,帮助学生在劳动中发现快乐,感受快乐,在劳动中学会做事、在做事中学会做人,不仅拓展劳动教育空间和阵地,培育了学生的劳动精神,更是在活动中让学生感悟劳动的乐趣,从而以劳树德,以劳增智,以劳强体,以劳育美,让学生在创造美好生活中有了愿景和希望,真正实现了劳动的价值。

第四节   品性发展与家校共育

家庭教育,是大教育的组成部分之一,是学校教育与社会教育的基础,在人的一生中起着奠基的作用。苏霍姆林斯基曾说过:"没有家庭教育的学校教育和没有学校教育的家庭教育,都不可能完成培养人这样一个极其细微的任务。"家校合作是高质量学校教育和家庭教育的枢纽。

从 20 世纪 80 年代开设家长学校起,我国就有了形式多样的家庭教育指导实践活动,宣传普及科学的家庭教育理念、知识和方法。家庭是社会的基本细胞,是人生的第一所学校。家庭教育关乎孩子的品性培养,家庭教育指导是时代赋予学校和教师的重要使命。

《教育部关于加强家庭教育工作的指导意见》(教基一[2015]10 号)提出,要"充分发挥学校在家庭教育中的重要作用"[1]。2021 年通过的《中华人民共和国家庭教育促进法》规定:"中小学校、幼儿园可以采取建立家长学校等方式,针对不同年龄段未成年人的特点,定期组织公益性家庭教育指导服务和实践活动,并及时联系、督促未成年人的父母或者其他监护人参加。"[2]因此,学校有义务通过多种途径大力普及家庭教育知识和开展家庭教育理论研究,推进家校共育工作向规范化、科学化、社会化方向发展。在实践中,学校采用规范性制度建设、沉浸式共育方式、学习型共育形态和升级版沟通模式,不断提升家庭教育的实效,共同培养品行端正、身心健康的孩子。

一、规范——家校共育的制度建构

正确且行之有效的规范是学校开展各项工作的依据和保障。有了规范,才能高效率地执行工作,同时,规范为学校开展家庭教育指导工作指明了方向。

---

[1] 中华人民共和国教育部. 教育部关于加强家庭教育工作的指导意见[EB/OL]. (2015 - 10 - 20)[2022 - 06 - 28]. http://www.moe.gov.cn/jyb_xwfb/gzdt_gzdt/s5987/201510/t20151020_214336.html.
[2] 中华人民共和国教育部. 中华人民共和国家庭教育促进法[EB/OL]. (2021 - 10 - 23)[2022 - 06 - 28]. http://www.moe.gov.cn/jyb_sjzl/sjzl_zcfg/zcfg_qtxgfl/202110/t20211025_574749.html.

（一）健全家庭教育工作机制

学校努力完善和健全家庭教育指导工作组织网络,由德育主任亲自担任家长学校负责人,制定目标计划,指导协调,检查考核;由心理教师辅助家长学校工作,进行理论指导;由年级组长具体组织落实,班主任收集家长信息。校内形成一支以行政分管领导、年级组长、班主任组成的专职骨干队伍。

（二）形成家委会骨干力量

学校成立了家长委员会,并定期举行会议以研究和解决家长在先行教育中面临的普遍问题和亟待解决的问题,同时参与学校管理,为学校的发展出谋划策。家长委员会拥有完整的系统,分工明确(见表4-13)。

表4-13 家委会职能分工

部门	分　工
会长	做好各部门的分工与协调,负责传递、收集家长反馈的信息、意见或建议。
宣传部	负责家委会信息的收集、整理、宣传,撰写家委会活动报道,鼓励家长积极撰写体会文章。
后勤部	担任志愿者,维护活动秩序,做好安全保障。
组织部	负责联系家委会工作,包括日常联系、活动联系,组织活动。

（三）建立家校合作规章制度

为了更好地发挥学校、家长、教师在促进家校互动中的作用,从三者特有的功能出发,学校共形成四类家校合作制度:从学校角度入手,侧重体现学校在家校互动中的角色定位的制度,如《家长学校制度》;从家长角度入手,侧重体现家长在家校互动中的角色定位的制度,如《家长委员会章程》《家长参与学校管理制度》等;从教师角度入手,侧重体现教师在家校互动中的角色定位的制度,如《教师家访制度》《家校互动听课制度》等。

健全的制度规范是学校开展家校共育工作的基础,在制度的牵引下,我们做到了家校共育工作有章可循、有序开展、网络完善、职能清晰,校方与家长各司其职,齐头并进推进工作的实施,进一步提升了育人效能。

二、沉浸——家校共育的重要方式

教育是学校、家庭和社会共同开展的一项系统工程,需要三方共同努力为学生创造良好的成长环境。学校一直遵循"父母是孩子的第一任老师"的原则,开展"浸入式"家校协同共育实践,让家长真正融入教育中,为实现家校协同育人共同努力。

(一)浸入学校管理之中,为学校发展建言献策

学校坚持不懈地运用各种平台和资源向家长宣传和普及家校协同育人理念,提高家长对家庭教育的重视程度,让家长充分、积极地参与学校教育的全过程,对学校教育决策进行参谋、执行和监督。学校管理者充分发挥带头作用,对未接受过专业培训且决策能力不强的家长开展指导与培训,鼓励家长充分参与到学校的育人工作中来,实现家校携手,共同育人。

例如,学校邀请家长与孩子共进午餐,对食堂餐饮工作进行监督,共同促进孩子健康成长。由家长代表组成的督查团在总务主任的带领下,到学校食堂操作间

进行一次"沉浸式"体验。食堂工作人员向各位家长介绍了食材的采购、溯源、索证、检测、人员的管理、卫生管理等基本情况。随后家长代表们在班级中与孩子们共同用餐,亲身体验孩子们的餐食。家长们也用光盘行动证明了对食堂饭菜口味和荤素均衡搭配的认可,鼓励孩子们珍惜粮食。与此同时,家长们还会对食堂的管理提出自己的建议。

协同教育强调的是对影响学生外部环境中的各个力量进行整体优化,协作共进。如何让广大家长认识到自己对孩子成长的重大影响,并有意识、有计划、有组织地施加这种影响,是家校协作教育与以往单纯的家校合作的关键区别。学校充分发挥引领和带动作用,转变家长的教育意识,让家长从被动配合转变为积极主动参与,并逐渐增强家长的教育能力,与学校相互监督、促进、沟通、影响,从而共同为学生建设协调一致的最优化成长空间。

(二) 浸入学校活动之中,让家庭教育更具实效

为了让家长在家庭教育中更有方法与抓手,学校尽力组织家长多参与校园活动,让家长和孩子一起体验成长过程,例如,组织家长和孩子共同参加节庆活动、观看青少年题材电影、参加主题班会等,让家长在活动中感受到"好孩子与好家庭的关系",以及亲子同学习、共进步的喜悦,通过活动提升孩子的自信心。

学校定期开展家长校访日活动,每学期安排 1 天为学校开放日,有目的、有准备地请家长来学校参观各年级教学活动。家长在开放日访校,可以熟悉学生在校生活,以便配合学校将学生的良好行为习惯延续到家庭。

"浸入式"家校合作通过学校的引领,让家长从根本上转变观念,加强了自身育人角色意识,改善亲子关系。家长参与到孩子的成长过程中,也为学校教育增

添一抹亮色，一分生机。

三、学习——家校共育的重要形态

新时代，要做好培育时代新人的工作，家长要努力提升自身素养，改变教育观念，用积极向上的内容和恰当的方式方法来施教。家校协同创建学习型家庭能促进家庭成员共同学习、一起成长。开展有效的创建指导，帮助家长树立终身学习的观念，营造浓厚的家庭学习氛围，形成良好的家庭文化，是新的教育形势赋予我们学校教育的新任务。

（一）实现学习型家庭创建指导的前提

1. 建立一支具有较高素质的家庭教育指导者队伍，是提高学习型家庭创建指导有效性的关键。学校成立了以班主任为主，以导师团为辅的指导队伍，同时吸纳富有教育经验的家长作为家庭教育志愿者。

2. 引导教师系统学习"学习型家庭"的有关理论，通过阅读教育名篇，学习家庭教育相关书籍，浏览"学习型家庭"网站，从理论上对学习型家庭作深入了解，使教师在家庭教育指导时有的放矢。

（二）开展学习型家庭指导的主要方式

1. 组织家庭指导研究活动。我们围绕"当前家庭中的学习现状""如何实现分类指导"等专题展开讨论，集思广益。特别就有关单亲家庭的指导、隔代家庭和问题学生家庭的指导等问题进行探讨，共同寻求有效的指导模式。

2. 分阶段开展学习型家庭指导。根据不同年龄段学生家庭教育特点，我们确立了不同的侧重点。六年级以家庭亲子活动为主开展创建活动,如亲子烹饪、亲子研学旅行等。七、八年级以家庭读书活动为主开展创建活动,根据孩子的认知水平,我们向家长推荐共读书目,家长根据孩子的兴趣爱好,选择相关书籍,分享读书体会。九年级以家庭探究活动为主开展创建活动,新中考强调探究学习,培养学生的创新精神和实践能力。我们通过家长、学校等阵地向家长宣传探究性学习活动的意义,提高家长对探究性学习活动的认识。

通过推进"创建学习型家庭指导"的实践活动,学校探索出在不同类型群体家庭中创建学习型家庭的有效途径和方法,构建了学习型家庭指导的运作模式。家长学习的同时对学生也一并产生了教育效果,家长和学生同时发挥了教育的主体作用。

四、升级——家校共育的模式更新

传统的家长会与家长开放活动对于建立家校共育模式发挥着重要的作用,为了突破这些传统模式的局限性,学校不断努力尝试创新家校共育的模式,以提高家校共育的科学性、有效性,并更好地适应家长的需求。

(一) 1.0版:一言堂模式

对全校家长采取集体授课模式,具有效率高、信息传达快的优点。集体授课一般根据学校教育的需要、结合学生发展的需要开设内容。例如,对六年级新生家长开展的中小衔接转折期教育指导,对九年级毕业班学生家长开设的升学指导,等等。此外,各年级根据家长的需求还可举办家长论坛活动,包括学生习惯养成、心理健康辅导等方面的内容。

(二) 2.0版:分类别模式

相比于"一言堂模式"的家庭教育指导,"分类别模式"的指导更能满足不同类别家长群体的需求。

例如,学校某个年级的家长会就采用了"菜单式"培训模式,共提供8个培训主题供家长挑选,由校内擅长于家庭教育指导的老师事先制作好视频微课(见表4-14)。

表4-14 "菜单式"家长培训主题

序号	培训主题	观摩班级
1	大宝,我拿什么来爱你?	1班
2	如何与青春期的孩子沟通?	2班
3	避免父亲的角色缺位	3班
4	好妈妈胜过好老师	4班
5	如何让单亲家庭充满爱?	5班
6	隔代教育如何避免越俎代庖?	6班
7	孩子叛逆怎么办?	7班
8	手机,我该拿你怎么办?	8班

家长会当天,各个年级在各个班级的教室中分别播放8个主题的家教培训视频,家长们则根据自己感兴趣的主题进入相关教室收看视频。每次家长会,家长可以进入不同的教室进行学习,随后再回到孩子所在的班级进一步与班主任沟通。

这种分类式的家长会培训的针对性更强,既满足家长的不同需求,也不用耽误家长很多时间,同时也节省了培训者的人力与时间,一举多得。

(三) 3.0版:交流会模式

在模式进化的过程中,学校还探索出一套小组化交流会式的家校沟通模式。交流之前,我们请家委会向大家征集感兴趣的话题或有困惑的案例,从中挑选几个共性的点以备交流讨论;接着邀请几位家教较出色的家长提前做好经验总结并上传到班级群,供大家自行阅读并交流探讨;针对家长们提出的案例,班主任会找寻教育专家的理论观点作为支撑,并结合自身的育儿经验进行分析说明。值得一提的是,部分家长因为工作繁忙,很少能参与线下的家长会,甚至也不能准时参与网上的家教沙龙,得益于互联网的存储功能,无论是文字还是语音,都能反复观看、学习。

交流会模式的家长会更倾向于将沟通权交给家长,由家长寻求沟通的主题,变被动沟通为主动沟通,进一步优化家长的家庭教育理念,提升家庭教育能力。

(四) 4.0版:点对点模式

点对点式的家校沟通是最精准地解决孩子家庭教育问题的方法,但是对教师的家校沟通能力和工作量是巨大的挑战,而全员导师制工作的实施普及了一对一式的家校沟通,且沟通效果也越来越明显。导师可以配合班主任更加精准地对孩子的家庭教育状况进行诊断并引导,为家长提供"一对一"的服务。

基于尊重每个孩子和家庭的隐私,也为了更有效地促进家校共育,我们给每个孩子都组建了"私人诊疗团队",由家长和班主任以及孩子的导师组成,针对孩子成长过程中的各类状况,进行个案跟进。家庭教育个案指导过程一般是这样的：导师或班主任发现孩子的问题后反馈给家长，与其研究家庭教育方面的原因分析讨论，帮其支招，开展阶段性指导与结果反馈。初步制定对策后的阶段性指导和调整，是一个比较长时间的过程，需要在实施过程中不断地"指导——反馈，再指导——再反馈"，要求家长和老师频繁地面谈是不现实的，互联网平台很好地解决了这个问题。沟通的时效性和便捷性，使家校双方能根据孩子的情况得以实时反馈、调整跟进，大大增强了教育的有效性。

总而言之，家庭是人生的第一课堂，家校协同育人的实践探索促进了家庭发挥人生第一课堂的作用，同时也夯实了学校教育的效果。在家校协同育人的过程中，家长的家庭教育意识不断加深，教育方法日趋科学，在浓厚的家庭教育氛围的影响下，孩子们的思想认识、行为习惯持续优化，能力素养获得稳步提升。

一直以来，我们始终牢记新时期党的教育方针，落实立德树人根本任务，围绕"培养什么人、怎样培养人、为谁培养人"这一核心问题，适应新形势下教育改革和发展的需要。我们将不遗余力地让德育贴近学生、贴近生活，走进学生的心灵，建立家、校、社三结合模式，培养学生良好的政治素质、道德品质、法治意识和行为习惯，促进学生全面健康成长，为学生的终身发展奠定坚实的思想基础。

第 五 章

专业智慧与自觉发展

　　促进教师专业发展是学校发展的重要组成部分。涵养师德师风，发展课程能力，提升研究能力，不断拓展教师专业发展路径，是学校内涵发展必不可少的维度。一所学校应特别注重教师的专业阅读、行动研究、问题解决、课题研究、自我提升为核心的专业发展体系建设。

梅贻琦先生说:"所谓大学者,非谓有大楼之谓也,有大师之谓也。"①大师者,即具学术之长,兼品行之师。新时代的教师的职业生涯发展秘诀正应是做一名拥有专业智慧和专业发展自觉的"大师",时刻铭记教书育人的使命,甘当人梯,孜孜以学,用专业自信启迪学生,用灿烂精神感染学生,以人格魅力点亮学生成长路上的精神灯塔,以学术造诣开启学生的智慧之门。

第一节　做精神灿烂的教师

学者李政涛曾经说过:教育是一棵树摇动另一棵树,一片云推动另一片云,一个灵魂唤醒另一个灵魂。② 教师,作为学生身心发展过程中的教育者、领导者、组织者、同行人,往往首先是在"传道、授业、解惑"的教育活动过程中的那"摇动另一棵树的树""推动另一片云的云""唤醒另一个灵魂的灵魂"。教师的影响力是不可估量的,孩子需要成长与绽放,那"这棵树""这朵云""这个灵魂"势必首先自身就是精神富足与灿烂的,他们用温暖与智慧、崇高的精神人格影响并引领着每一个

① 李志琴,李化树. 梅贻琦的大学观对我国建设一流大学的启示[J]. 文史博览(理论),2013(03):79—80,87.
② 薛桂平. 重建精神宇宙,走向"诗和远方"——读李政涛的《重建教师的精神宇宙》[J]. 语文教学通讯,2018(06):71—73.

孩子行走在成长道路上。

教师,应当是精神丰富的人、精神灿烂的人。有人说:精神丰富和灿烂,从哲学上看,阐释的是人生的意义。人生的意义不是别人赋予我们的,是自己创造的。因此,人既可以是人生意义的创造者,又可以是人生意义的破坏者。创造人生的意义,定会创造教育的意义,在创造学生当下和未来意义的同时,又培育了自己的人格,让自己的精神灿烂起来。从伦理学看,精神丰富和灿烂阐释的是教育的道德意义。教育是科学,要求真;教育是艺术,要求美;教育是事业,要求奉献和创造。这背后深蕴着一个重要判断:教育首先是道德事业,教师首先是道德教师。道德之光,让教师精神丰富、灿烂起来。从心理学看,精神丰富和灿烂阐释了青春的新内涵:青春绝不只是人生道路上的一个年龄阶段,更为重要的是人的心理状态、精神状态。精神灿烂,让教师永远青春美好。

教师承担着最庄严、最神圣的使命,师德规范是为师之本。在师德修炼方面,我校一直致力于打造一支高素养新时代好教师队伍,以"爱岗敬业,教书育人"为核心,丰富师德建设的内容,引导教师自觉履行教书育人的职责,做精神灿烂的"自信教师",创造良好的教书育人环境。

一、标准讨论,树立标杆

什么样的教师是精神灿烂的"自信教师"? 每个人都有自己的思考。学校举办的"从我做起,做知行合一的自信教师"评选活动中,组织师生讨论"自信教师"的评选标准。学校发动全校师生开展"自信教师标准"大讨论。几经讨论及投票,师生综合确定了"浦江一中自信教师六标准"(见表5-1),将"四有"教师进一步细化,使精神灿烂的自信教师形象有了更明确的定位和反思,让师德规范成为每一位一中教师所遵循的职业准则。师生达成共识,只有坚守道德情操、具备仁爱之心、追求扎实学识、保持心态从容、能够思维辩证以及谈吐幽默风趣的教师,才是精神灿烂的自信教师。

表5-1 浦江一中"自信教师"评选标准

浦江一中"自信教师"六标准	
道德高尚	真诚地对待他人,为人师表,言行一致,时刻向学生传递正确的价值导向。
仁爱之心	对学生关心爱护,能用发展的眼光看待每一个孩子。
学识扎实	有过硬的专业素养,教育教学智慧开展,富有成效,形成自己的特色。
心态从容	工作、生活中有积极乐观、从容豁达的心态。
思维辩证	对教育教学工作的思考方式具有一定的辩证性,会从不同的角度去看待问题,进行综合思考判断,不轻易受外界观点或权威的影响。
幽默风趣	亲切随和,谈吐优雅,师生关系和谐融洽。

二、榜样评选,弘扬典型

每年的九月教师节,学校都会开展年度"自信教师"评比,以《浦江一中自信教师标准》为准则,对一年中表现突出的自信教师进行表彰,树立典型,弘扬优秀教师的高尚品质,并开展"我的自信教育故事"分享会,引导教师同伴自觉学习、自我提升,形成"人人争当自信教师"的正向氛围。后续,学校充分利用微信公众号、校内文化墙等平台,对优秀教师进行宣传表彰,倡导尊师重教的社会风尚和良好的社会舆论环境,向师德榜样学习。一中的教师们从未忘记自己的使命就是为国家培养德智体美劳全面发展的社会主义建设者和接班人。我们始终以此为人生大乐。历经岁月,这份赤诚之心从未淡去,而是留存于代代一中教师心中。

案例 5-1　仁爱之心，践行师德

做精神灿烂的自信教师，一定具备仁爱之心。爱是教育永恒的主题，热爱学生是教师厚重的职业底色。教师的仁爱之心是以师生相互信赖为基础的，这种信赖是建立在"尊重、理解和关怀"基础上的。

面对班级里学业进度慢、行为习惯差的学生，洪耀伟老师总是能够坦然、耐心地"多看看"，和他们"多说说话"。洪老师总是说：我的学生都是好孩子。有产生厌学情绪不肯上学的学生，洪老师就早早买好早餐，去家里接她一起上学；遇到放学下雨时，怕没带伞的学生淋雨，就开车送他们回家；过节，他把离异家庭缺失陪伴关心的孩子带到家里，请家人烧饭菜给他们吃……"家访"也是他数十年如一日的班主任工作"秘密武器"。只要有空，他经常上门，找家长聊，见不到面，就发短信、微信，帮助家长改变对待孩子的态度和方法。

力世明老师从教 29 年，从 2000 年开始担任英语教研组长，有 26 年的班主任生涯，他用真情付出换回学生的信赖、家长的敬重、同事的赞誉。作为班主任，力老师对家庭生活困难的孩子更是给予特别的关爱。三年前，小孙同学的妈妈得了肾病，要透析，需要花费大笔的费用。力老师带头发动全班学生捐款，平时家里有点什么好吃的，贤惠的妻子总会打包一份让力老师带给小孙吃。每逢过年过节力老师还会帮小孙买运动鞋和学习用品，直至送到小孙毕业。

两位老师都能够关注学生成长需求，用行动温暖学生，让成长中的孩子感到被关爱，为徘徊在迷茫中的孩子带来希望。正是出于对学生的仁爱之心，两鬓斑白的力老师耕耘在班主任的岗位上 26 年仍不知疲倦。而再顽皮、再叛逆的孩子都能感受到洪老师的细心、用心、耐心。

案例 5-2 学识扎实,与时俱进

做精神灿烂的教师,一定有对工作和学习孜孜不倦的追求。"水之积也不厚,则其负大舟也无力",扎实的知识功底、过硬的教学能力、勤勉的教学态度、科学的教学方法是教师的基本素质。

"经师易求,人师难得。"储引芳老师先后经历了上海教学一期和二期课改,她的教案从手写稿变成了电子稿,从来没有直接拿来就用的。她也曾是"一支粉笔走天下"的高手,后来是多媒体与教学紧密结合的能手。她也曾代言"一言堂"传统教学,后来却是"小组合作"建构学习教学改革的先锋。面对教学,她总是说"教无定法",她也一直践行"因材施教"。那时候即使临近退休,她每天仍是坚持备课三小时,两套教学方案,教案上密密麻麻。她要学生每天学习,她自己也首先得学扎实。她坚持领着她的学生一起阅读外文报刊,积累词汇和素材。就算是任教起始年级,她也能随口说出当年中考新增减的词汇。她想的最多的是,怎样让课堂的重点更突出、难点变易点,课堂更流畅,学生更爱听。她说,"别说每一届学生了,学生每一天都是不一样的。课堂怎能一样?"

案例中的储老师,作为学校招录的最早一批英语本科生,她外语功底扎实,教学研究严谨,即便临近退休,她仍坚持学习,为更好地指导学生而不断自我充电。面对新时代的变化和不断发展的教学需求,储老师用大半生的学习和教改实践让自己成为教学事业上的"常青藤"。

案例 5-3 责任担当,甘于奉献

做精神灿烂的教师,一定有勇担重任的奉献精神。教师的职业特性决定教师必须是道德高尚的人。教师要用个人的行为来体现自己于公于私、于国于民的价

值观；要在日常言行中三省吾身，自觉坚守伦理底线，见贤思齐，唯此才能体会和展示道德之美。教师正是用在道德追求之路上的知行统一，去示范人的高尚和纯粹，去弘扬社会主义价值和中华传统美德，去引领学生把握好人生的方向。

大局意识和奉献精神，可以说是众人眼中计锋老师的"人设"。2010年的时候，计峰老师经诊断得了面瘫，医生嘱咐需要每天前往莘庄医院接受针灸治疗并在家休息两周。然而，当时任教初三又担任班主任的计老师断然选择了坚守讲台。他劝慰家人说："学生需要我，学校也需要我！我不能休息！"做好家人的思想工作后他便回到了繁杂的工作中。他每天一早前往二十几公里外的莘庄接受治疗，为的是保证有时间把作业批完，以便根据学情调整备课。多年来，每逢因班级数的调整，学校需要有教师承担跨年级教学任务时，计锋老师总是一句"作为组长，应该我上！"便担下这个重任数年。

计锋老师总能不计较个人得失，以学校利益为重，肩负起一中教学的重担。一句"应该我上！"一句"我来！"便用最简单、最纯粹的语言表达了自己敬业爱生、大局为重的理念。他的付出也赢得了同事和学生一致的肯定和赞扬！并不断鼓励着学生们树立集体为重、乐于奉献的精神品质。

一个精神灿烂的人可以活成一座花园。习近平总书记曾在北京大学师生座谈会上提及"教师要时刻铭记教书育人的使命，甘当人梯，甘当铺路石，以人格魅力引导学生心灵，以学术造诣开启学生的智慧之门"[①]。作为教师，当他具备优秀高尚的思想，便能拥有一种强大的精神力量，这股力量支撑着他数十年敬业爱生、追求卓越、乐业奉献，让他成为一个精神灿烂的人，在学生的心田播撒芬芳，让学

---

① 别敦荣.论办好中国的世界一流大学——学习习近平总书记在北京大学师生座谈会上讲话的体会[J].中国高教研究,2014(09):1—5.

生的人格得以健全、精神得以丰满。

第二节　让教师成为研究者

苏霍姆林斯基曾说："如果你想使教育工作给教师带来快乐,使每天的上课不变成单调的义务,那就请你把每个教师引上研究的幸福之路。"[①]作为一所地处城郊的公办普通初中,我校面临着随迁子女比例增加、生源层次差异大等问题,且面对着新中考改革、"双减政策"等挑战。面对这些问题与挑战,教师职业倦怠感比较强烈。如何使教师走出职业倦怠,让教师拥有做教师的幸福感? 我校始终坚持以科研为引领,让教师走向幸福的道路,有力地促进了教师专业化发展。我们的具体做法是:立足于学校内涵发展,基于专业阅读与深度对话,采取行动研究为主体的研究方法,激发教师参与课题研究,促进教师自身的系统提升。同时借助聚焦培训,问题解决,帮助教师实现自我修炼与成长。通过这些实践,形成具有浦江一中特色的课题研讨探索机制,逐渐形成了一支"敬业,科学,合作,成长"的教师队伍。

一、专业阅读与深度对话

学校科研应当从大科研的视角出发。大科研包括传统意义上的课题研究以

---

① 宋艳平.苏霍姆林斯基的教师观及其当代价值[D].曲阜:曲阜师范大学,2013.

及教学常态研究。如何将这种常态研究的优势转化为教师自身专业发展的动力，我们就要注重塑造研究氛围，培育教师研究型文化。为了营造浓厚的科研文化氛围，我校着重从专业阅读与深度对话两个方面开展研究文化的培育。

阅读理论著作，关心教育科研的前沿话题，不断更新自己的知识体系是教师自身专业化发展应当具备的重要能力。因此我校科研室通过各种方式，培养教师的专业阅读能力。学校图书馆订阅了各个学科的教育期刊与教育报纸等，科研室会定期利用微信公众号对当前教育热点选题与新的教育成果进行推送，每学期还会通过三事的形式引导教师阅读教育经典理论著作。科研室制定并推出了学科老师必读书目并定期组织教师进行学习心得与读书笔记的交流。如青年英语教师沙龙、青年语文教师读书会等活动。同时，科研室还会定期开展主题研讨。通过专业阅读并结合自身的教育实践，让教师学会在读中和教中思考，质疑与创新，培养教师发现问题、分析问题与解决问题的能力。教师在享受读书所带来的快乐的同时，其科研品位也得到了潜移默化的提升（见表5-2）。

表5-2　浦江一中学科教师必读书目（节选）

学科	必读书目（部分）
语文	《统编初中语文教科书教学设计与指导》《语文讲习录》《论语文教育》
数学	《中学数学教学研究（期刊）》《中小学数学教学课型研究》《初中数学单元设计》
英语	《中小学外语教学（期刊）》《初中英语教学关键问题指导》《激励规范写作》
理化	《初中物理教学关键问题指导》《回归物理教学的本源》《初中化学教学策略》
文科综合	《初中历史教学关键问题指导》《素养导向的课堂教学：初中历史与社会》《中学政治教学参考》

教师的对话研讨本身就是教育科研的一种形态，是一个动态的、发展的、生成性的交互影响的过程。因此我校十分重视教师对话机制的构建，为教师之间进行

信息交流、经验分享与专题研讨提供机会与平台,从而促进研学相长的发展。我校开展了"空中课堂观摩研讨交流会",对于线上课例进行研究讨论,"单元作业设计研究会议"等以课题为载体的全员研习,我校还开展了"青教赛主题教学论坛",以青教赛的比赛主题进行教学研讨。在这样的对话中,不同的思维在对话中相互借鉴,每个人都在参与、互动与感悟中生成或者创造新的意识。科研的火花也就自然而然产生了。

案例 5-4 "六字教学法"与"英语阅读高阶思维"的碰撞

2021 学年第二学期,我校一年一度的青教赛如期举行。这次青教赛的主题是"聚焦六字教学法,提升课堂效率",所谓"六字教学法"是基于我校学情实际提出的"低起点,小步子,多活动,勤反馈,激兴趣,多赞美"的教学指导意见。

英语学科以教研组为单位,针对这次青教赛开展一次专门的六字教学法研讨会,研讨会上大家对于六字教学法各抒己见,有老师提出了自己的困惑:"在一节课中,如何平衡多活动与教学时间有限的冲突?"也有老师说道:"一个班级中有好学生也有薄弱生,起点不同,也不能一味迁就薄弱生的低起点啊!"还有老师说道:"一节课只有四十分钟,能面面俱到吗?"

这些疑问不是一节课上能够解决的。因此老师们决定去学校图书馆查找阅读更多的与六字教学法相关的论文著作等,以期找到六字教学法在英语课堂中的最佳运用的方式。在第二次研讨活动中,老师分享了自己的六字教学法学习成果,大家认识到低起点并不是一味地降低教学的起点,而是在充分研究学情的基础上,设定合理的教学目标,教学活动也并不一定在于多,而是要减少无效的课堂行为,提升活动有效性。通过这次研讨,大家对于六字教学法的认识更加深刻了。并确定了此次英语教研组的参赛主题为"六字教学法指导下提升英语阅读高阶思维的探索",基于这一主题,我们继续阅读了相关文献,探索如何在学生基础相对薄弱的情况下培养学生的高阶阅读思维。

青教赛如期拉开帷幕,英语教研组的几位青年教师以扎实的理论认知,呈现了一个个有着合理的课堂设计、高效的课堂活动的课例。赢得了大家的一致好评。在青教赛的主题交流论坛上,青年英语教师李老师还就这一主题进行了进一步的阐释。青教赛落下了帷幕,英语教研组也将这次参赛过程形成了一篇案例。

从上述案例可以看出,正是因为先期进行的专业阅读与研讨使得老师们对于六字教学法的认识更加深刻,为课堂设计打下了坚实的理论基础,教学实践又进一步充实了六字教学法的内涵。研学相长,学校的科研才会充满生机,而绝非仅仅存在于课题与论文之间。

二、行动研究与经验积累

行动研究被认为是目前最适合中小学教师的教育研究方法。基于此,校科研室开展了一次专门的行动研究法学习会,在学习会上,老师们学习了行动学习法的主要内涵与实施途径。但是在实践中却也碰到了不少实际问题,例如,科研任务与教学实际脱节,科研的空间与时间被压缩,等等。为了更好地落实行动研究,我校在学习行动研究法的基础上,要求各学科结合学科特点和学生现状,改进行动研究的模式,形成以教研组为单位的具有学科特色的专业研究模式。学校的顶层设计和教研组的具体任务确定后,每个教研组自上而下、自下而上,根据教研组原有的特色与基础,结合教学实践中出现的问题确定研究主题,布置研究任务,研讨研究模式,开展研究实践,针对在实践过程中出现的新问题,衍生出的新任务,不断提高研究水平。例如,在进行单元作业设计研究时,校教研室首先进行了单元作业总体概念与设计原则的研讨,接着各教研室依据学科特点进行本学科的单元作业设计,并将设计好的单元作业应用于教学实践中。

创设交流分享的平台。教师探究总结的方法是否具有推广性,还需要更大范围的甄别与论证。而这个论证的过程也是教师自我提升的过程。为此我校每学期开展一次特定主题的科研会议,如"活力教学主题论文交流修改会""教学工具应用专题研讨",并特别邀请专家前来把脉。对于教师们的研究进行点评并提出改进意见,以帮助教师摸清方向,少走弯路。教师们则深入思考,彼此借鉴。

为了避免结题后的课题成果束之高阁、教师们为科研而科研的现象,真正落实教育科研反哺教育实践的目标,学校十分重视创设科研成果转化为实践应用与再生成的平台。以课程的形式为科研的成果注入新的生命力,并在推广中不断生成新的内容,以推进教育科研的不断发展。

案例 5-5 分层作业设计的研究与实施

我校地处城郊地区,生源差异大,班级学生的基础差异较大。为了更好地适应班级学生的需求,提升教学效率,我校开始了对于分层作业的研究。由校科研室牵头,各教研组组长具体负责。每个教研组需要设计一套具体到课时的可实施的分层作业设计。分层作业的研究与设计历时一个学期,由科研室邀请专家进行审定与修改,最终形成了一套相对完备的校本分层作业资源库,供教师在日常的教学中使用。

从上述案例可以看出,教科研的成果只有真正应用于教育教学,推动教育实践的发展,才能真正实现教研相长,实现教科研的长远发展。

三、课题研究与系统提升

我校作为地处上海郊区农村地区的一所学校,与其他大多数农村学校,面临着外来生源急剧增多、新教师大量增加、教育资源紧张等挑战。面对着这些挑战,我校始终坚持以小课题为抓手,以龙头课题为引领,激发教师参与课题的研究。课题研究能够帮助教师解决教育教学中的实际问题,促进教师的专业成长,推动学校的课程改革,有力地促进了学校内涵发展,提升了学校的竞争力。

在引导教师积极参与小课题研究的过程中,我们形成了"三段制"。所谓"三段制"就是以课题研究的中期为节点,中期以前关注研究资源的运用,研究数据与资料的收集。中期之后关注对于研究过程中再生问题的反馈与改进,精确研究数据,规范研究报告的撰写。在中期组织相关的人员和专家进行中期评估,指导下一阶段研究工作以进行必要的调整。

我校还建立了一套完善的小课题研究的考核与评价机制。坚持过程与结果相结合、实践性与创新性相融合的评价原则。在立项评审时,由学校教育科研领导从入围课题中评定出重点课题、普通课题与一般课题,依据课题实施情况给予一定的经费支持。在中期的检查阶段,首先由教师本人对于课题的实施情况进行自我评估,评估需要从小课题的研究是否改进了教育教学,学生的能力提升以及自身专业发展三个方面展开。在结题阶段,围绕小课题是否达标,实施过程中是否有突出的亮点,研究成果是否能有效提升教学实践并具有推广性几个主要方面进行评估,以全体教师问卷评估与学校科研领导小组评价相结合的评定方式,评出各等第奖。整个过程力求自评互评相结合。

通过推广小课题的研究,学校的教育科研呈现出一片欣欣向荣的态势。获得的奖项总量多、层次高。有多个课题被立为区级小课题,青年教师的课题占比百分之七十,涵盖德育、语文、数学、英语、物理、化学、体育等多个学科。与《闵行教育》等杂志建立了定期与不定期的约稿关系,为每位教师的发展搭建平台,助推加力。教科研成为了每位老师的手边事,实现了常态化。

我们在强校工程的建设过程中,以学校的三年规划为指导,根据学校长期以来的办学特色与精神内涵,确定了学校层面的龙头课题:《浦江一中自信教育的学校研究》。课题着眼于学生自信品格的培养与健全。这个课题以全校师生为科研主体,是在教育教学中不断探索、研究与深化的过程。这项龙头课题的推进分解成了若干个子课题,在各教研组、年级组之间协同推进。每一个子课题组设置一名负责老师,协商引领组内教师推动课题的进行。

在这项研究中,我们明确了"自信教师"的各项标准,形成了"自信课堂"的评价细则,同时在如何培养学生的自信心、自主力方面获得了一些行之有效的指导策略。通过研究,有不少老师对于自信教育有了更加深刻的认识,在实际教学中面对起点参差不齐的学生时,少了抱怨,多了耐心,学会了赞美。学生在学习行为和责任意识方面也发生了显著的变化,自主管理能力得到了提升。

在龙头课题的引领下,在全员研究的激荡中,课题研究背后的精神内涵也逐渐清晰:为了学生的一切发展,一切为了学生的发展。在不断的沉淀与内化中,最终形成"自信,自主,成人,成才"的办学理念。这一理念成为了全校师生强大的向心力和归属感的精神支撑,成为师生共同的价值追求,成为学校每一个人成长的动力。

四、焦点培训与问题解决

焦点培训能够帮助教师了解教育科学研究的前沿动态,把握当前教科研的热点问题,从而帮助教师更好地开展教科研的研究。通过对当前教育形势、教育政策进行解读,或者共同研究相关教育教学案例,能够更加有效地发现和突破科研的难点,顺利实现问题解决的目的。

案例5-6 平行同步解读法

上海市教委教研室从 2015 年起,组织各学科开展学科单元设计教学研究,并在此基础上形成了"学科单元设计指南丛书"。我校各教研组紧追当前教研热点,开展了以单元基础、以教材解读为核心的系列教研活动。为了更好地提升解读的科学性和有效性,学校决定召开以单元教材解读为主题的会议,各教研组代表在研究会上交流解读方法与成果,彼此借鉴。以下是英语组在交流过程中的一段发言:

英语牛津教材的编写特点是:不同年级的教学内容均设相同主题或相同话题。但同一话题下呈现的内容不是简单重复的,而是螺旋上升的。其教学目标和要求是递进的。为了使组内教师对六至九年级的教材有全面而直观的感受,我们英语组要求所有组员共同参与所有年级的教材解读。解读时,我们通常将四个年级的教材同时翻看,使同一主题下的内容得以直观呈现,便于分析比较。这样的解读方法,使教师们摆脱了就事论事的弊端,对教材的目标体系有了全面了解,起到了见木见林的效果。我们英语组认为这样做,对于不熟悉教材的新教师或是常年教某一学段的教师特别有帮助,有利于教师建立教学的整体视野,了解各学段知识点的前后关联,便于教学时互为渗透、铺垫和照应,形成知识链。

英语组的交流得到了其他教研组的高度认同。大家发现初中教材的编写是以单元为单位,按照学生认知能力的发展阶段,螺旋上升编排的。各教研组以这个研究发现为基础,开始了学科单元的设计与实施,并最终形成了单元设计,相关的研究成果应用于实际教学。同时形成了一些突出案例,例如,理化组设计了九年级上学期化学单元作业,还参与了闵行区单元作业设计评选,荣获了二等奖。

从上述案例可以看出,通过焦点培训,协同教研组的研究力量能够有效地对于教科研的难点进行突破。在问题获得有效解决的同时,提高了教学与研究的能力,促进了个人专业的发展。

在线教学期间,教师们遇到了包括信息技术与在线教学方法等方面的一系列的问题,在校科研室与教导处的主持下,我们进行了"闵智作业平台作业布置与组卷""钉钉在线课堂使用培训""在线教学期间师生有效互动方法探究"等系列培训与专题讲座,帮助教师克服在线教学期间遇到的问题,从而提升教学效率。

案例5-7 在线教学线上互动

在线教学期间,如何更好地与学生进行课堂互动是教学的重难点问题之一,因此校科研室面向全校征集课堂互动案例与经验,遴选优秀案例与经验,以微信公众号的方式进行全校推广。案例中,老师们介绍了如何运用钉钉的各项功能,如互动消息、答题卡等方式进行课堂互动,还有老师分享了如何开展线上的学习小组活动,贴近教学实践,且具有很强的操作性,为教师解决在线教学期间与学生互动的问题提供了不少可供借鉴的经验。

可以看出,通过焦点培训以及问题解决,我们能帮助教师解决在教育科研和教学实践方面遇到的各种问题,促进教师对于理论与实践知识的内化与重构,促进教师的专业发展。

五、自我规划与内在修炼

教育科研是教师专业化成长道路上的重要一环。为了帮助老师更加清楚地定位自己，认清自己的优势与劣势，从而制定一份自我发展的职业规划，学校科研室采取了两步走战略，即认识你自己与规划你自己。教师通过专业的问卷与SWOT分析表格认识自己的性格特质及优劣势，同时根据浦江一中教师的五年发展规划的清单形成自己的职业发展目标与规划。教师的职业发展规划如果没有一套运行机制保障其形成实践，那么很快就会淹没在日常琐碎而繁重的教育现实中。对此，我校建设并实施了以课题为依托，以校本培训为载体，以组内教研为纽带的研修体系。

案例5-8　骨干教师的示范与引领

为了更好地发挥骨干教师的引领示范作用，我校每学年开展一次骨干教师主题研讨活动，活动主要内容包括示范课展示、主题研讨、反思与重建等。在一次以"培养学生学科高阶思维"的主题研讨活动中，骨干教师在前期组内研修的基础上，为大家奉献了一节节高质量的示范课，在跨学科听课的过程中，教师们不仅发现了学科的共性，而且也学习了不同学科间可供学习与借鉴的教学方法。骨干教师的风采也给大家留下了深刻的印象，不少青年教师表示，要朝着骨干教师的方向奋斗与努力。

除此以外，我校还坚持以创造学习型教师组织为抓手，遵循专业引领、同伴互助、自我反思等原则，建设了四层次的教师梯队，分别为见习教师、青基班、青研班以及知行学院，不断探索促进教师专业成长的各种研修途径和方法。

案例5-9 浦江一中教师培训体系

见习教师培训：见习教师是指第一年加入浦江一中的新教师。大部分是新教师，少部分是外校调入老师。我校对于新教师都会开展为期一年的见习教师培训。培训分为三个部分，第一部分是学校整体概况培训，主要内容包括学校历史沿革、学校的育人理念以及文化氛围；第二部分是学科专业培训，主要邀请骨干教师开展学科教学培训；第三部分为职业发展培训。一年见习期结束后开展一次座谈活动，总结一年来取得的成绩与不足，提出今后工作中自我发展方向及需要学校提供的帮助。

青年教师基本功培训班（简称青基班）：对象是在职三年的新教师。每位青年教师在职三年都有学科指导老师与班级管理指导老师，青年教师可以就自己在教学或者班级管理中遇到的问题向师傅进行请教。在青基班培训期间，规划并落实青年教师各项常规培训，培养教育教学基础能力，并通过"亮相课""研讨课"和"新苗杯"教学大赛等常规比赛促进青年教师的成长。

青年教师研修班（简称青研班）：对象是教龄三至五年的青年教师，以自愿报名与教研组推荐的方式产生学员。青研班以课题为依托展开研修，并聘请学科专家开展指导工作。主要研修模式为青研班学员确定研究主题，撰写研究方案，围绕方案收集资料，开设研讨课。专家进行听评课，提出修改意见与建议，开展微型讲座，微型讲座的内容紧紧围绕所讨论的课题以及教师的需求展开。青研班的成员还会走出校门，参与校外的研究活动。在个人研究、集体研讨和专家引领下，不断提升自己的教育智慧。

知行学院：学院的对象为有志于成为学校核心团队一员、从事学校管理的教师。以自愿报名与教师推荐的方式产生学员。通过书籍阅读、案例研究、小组研讨、专家讲座、外出探访等方式，提升教师的自我管理能力、高效沟通力与执行力，为参与更难、更复杂的中心、核心工作,连续而有效地做好各项工作,实现自我挑战做好准备。由此推动学校教育教学工作内涵发展、可持续发展。

通过以上五个方面的建设,我校已经逐渐形成一套以制度为保障、以文化为引领、以科研为方向、以实践为指导的教育科学研究体系。在这样的体系下,教师的舞台不再仅仅只是三尺讲台,而是从讲台无限地延伸出去,教师的工作也不仅仅只是上课与批改作业,而是做一个幸福与充实的研究者。

第三节　做有灵魂的教师

肖川先生说过:"你真正的生命是你的思想,你的思想就是你的处境。"[1]教师的教育思想是教师的灵魂。一个有思想的教师一定富有人格的魅力,一个有思想的教师一定富有精神感召力,他们看得见学生的成长发展规律和需求,了解学生的生活实际和思想实际,把握得住智慧教育的时机,在学生的品德培养、课堂学习以及课程体验上能够运用科学的、灵活的、生动的教育智慧进行教育教学指导。

一、让育德有智慧

教师应该围绕立德树人根本任务,牢记为党育人、为国育才使命,积极探索新

---

① 肖川. 成为有思想的教师[J]. 人民教育,2005(03):18—19.

时代教育教学方法,不断提升教书育人本领,学生的品德是未来发展的立身之本,培养学生正确的人生观、价值观与世界观是德育的重要任务之一。

学生的品德教育从来都是"教无定法"。班主任工作除了一以贯之的"恒心""耐心"和"爱心"之外,更需要不断积淀的育人智慧。面对"屡教不改"的学生,班主任更需要思考:理念是否科学? 方法是否妥当? 对学生是否真正了解?"育人智慧"便化身在每一次育人者的及时自我调整、每一个多角度的分析和研究、每一个更适合育人的良好契机。

案例 5‐10 美教育——洪耀伟:以美建班 以美润德

作为一名从事班主任工作 20 年的美术教师,我发挥专业特长,逐渐形成了以美的感知与创造为核心的建班育人体系。"以美建班,以美润德"是我一直坚持的带班育人理念。

我充分发挥美术老师的特长,提炼具有道德感染力的审美资源,尤其形成了以节日和重大事件为核心的资源体系,为实现"以美润德"奠定基础。通过欣赏作品宏伟的构图、写实的造型、民族性的色彩,了解作品背后的历史情节,学生不仅理解了经典美术作品的审美价值,而且受到了一次深刻、生动而可视的爱国主义教育和四史教育。

同时,丰富的课外活动和特色的美育作业也很有育人价值。比如,利用业余时间带学生到书店、画廊和美术馆参观学习,让美的种子在学生心中落地生根。或者组织学生去水乡古镇、郊野公园参加实践活动,让他们感知自然之美。有一次,在郊野公园捡石头的时候,我鼓励孩子们在石头上作画的想法,一起感受神奇的"石头画"。在体验自然之美的同时,让孩子们懂得石头如我,要从一块普通的石头变成一件精美的艺术品,就需要用心描绘,用爱刻画。同时我以节日、亲子关系现状等为线索,设计了具有特色的创意作业。例如,要求学生把父母辛苦劳作的身影,或是家庭生活中最动人的场景,通过肖像画或拍照形式记录下来,涵养理解、尊重和感恩的品格,最终形成了独具特色的班级照片墙——"我和我的父母"。

此外,教室布置也是我重视的育人途径。我的班级没有宣传委员,我喜欢叫他们艺术总监,每个小组设立一名。六、七年级学生年龄相对较小,缺乏经验,我就手把手从色彩搭配、排版设计、标题制作等方面指导他们出黑板报、布置文化墙、美化图书角等。到了八、九年级,则放手鼓励艺术总监们带着各自组员亲自动手设计,从中进行美的学习和体验,通过美化教室,让教室在他们的手里、眼中变得"最美"。

在育美中育德,在育德中向美。20年来,洪耀伟老师的"美"教育串联起了他和学生的共同生活和价值观念,形成了"尚美班级"的同时,更涵养着学生的精神成长和品格发展,塑造着美好的心灵。

案例5-11 巧教育——鲁俊:多彩"日记"为青春代言

手写七行日记,将学科学习渗透德育日常教育,是鲁俊老师的"巧"教育。

初中四年,学生们的心理特点有着各年龄段的共性,我根据每个阶段的学生特点,并把"手写七行日记"分阶段、有目的地开展,让班级学生在行规、情感、信念方面有着明确的成长方向。

比如,低年级的学生喜欢给别人乱起绰号,我们就在日记里来了个"昵称"和"绰号"的大讨论。有同学这样写道:"我想如果一个人真的喜欢或欣赏一个人,肯定愿意别人叫他的昵称,显得亲近。"第二天,在课堂上,我把这篇日记和同学们分享了一下,很快,同学们就区分了不愿意被别人叫的"绰号"和愿意被别人叫的"昵称"的区别。我们愿意被别人称呼的还是"昵称",因为这个专属昵称里有一段故事,有一份情谊,有一份亲近。通过这样的分享,同学们有了明确的是非判断。

通过不同类别的日记,鲁老师努力抓住每一个不容错过的"敲醒时机",让学生感悟每一天的成长,激励自己每一天的成长。正是在这些多彩的日记里,学生体验了青春的懵懂、苦涩、激扬和绽放。正是日记这面"多棱镜",把一个个个性鲜活的孩子凝聚在了一起,让她的"巧"教育别具特色,也格外动人。

案例 5-12　慢教育——胡天扬:"蜗牛"也能登上金字塔

教育家苏霍姆林斯基曾说过,"要记住,你不仅是教课的教师,也是学生的教育者、生活的导师和道路的引路人"。[①] 胡天杨老师牢记着这句话,把师爱化为一次次师生的慢互动、静等待。

欢欢上六年级了,做起事来却仍然慢吞吞。从六年级开学第一天起,她每天都要迟到。在劳动值日时,一块黑板擦半小时是常有的事。在学习上,无论是课堂练习还是考试,别的同学快写完了,她连题都没看完。家庭作业,她更是需要花上数个小时才能完成。

与孩子的聊天中,孩子说自己因为动作慢,总是被同学们嘲笑。她向爸爸妈妈诉苦,爸爸妈妈却说,"应该从自己身上找原因,都怪你自己做事情拖拉"。

为了帮助欢欢,胡老师和孩子做下"我能行"的行动约定。比如,量化自己的每日学习生活任务,通过"早起 5 分钟""多背 5 个单词"这样的小目标的达成,欢欢渐渐意识到,很多事情不是自己想象的那样困难。同时,帮助她建立时间意识,通

---

① 肖甦,宋瑞洁.新时代教师角色的应然、实然与使然——基于苏霍姆林斯基人学教育思想的审视[J].现代教育管理,2021(03):87—94.

过让欢欢在规定时间内,例如,设置五秒、一分钟、五分钟、半小时等时间段,完成相应的任务训练,欢欢也增强了时间意识,并发现,原来每分每秒可以做很多事情。在班级里,胡老师还开展了"夸夸我的好朋友"的班会课、班级的"每日记事"活动,把同学们表扬欢欢的内容给欢欢看,给欢欢安排了"一对一"合作小伙伴,帮助她学会交往,融入集体。

渐渐地,欢欢做事情越来越利索,也感受到同伴的友善,得到了积极的情感体验,笑声也渐渐多了起来。

处于中预年级的学生因其自身的生理特征和家庭环境及成长环境的影响,或多或少会有需要提升的地方。当孩子遇到问题时,他们自己也会很难过。胡老师在遇到这些问题时,没有加以指责,而是抱有同理心,俯下身来与孩子谈心,主动探寻孩子行为背后的深层原因。所以在这个过程中,她的"慢"教育是带领孩子走出黑暗的一束光。

二、让课堂有主张

主张即看法,即见解。将之延伸至教学上,教学主张可以理解为教师对教学是什么和怎么做(教)的见解。教学是富含智慧和艺术的活动,只有把教师的主导性和学生的主动性都激发出来,才能算作真正的教学。每位教师都要围绕教学目标,理清教学思路,选用合适的教学方法,促进学生获得成长的幸福。这就是教师该有的教学主张。

为帮助教师形成自己的教学主张和风格,我校一直致力于教师教学的研究,以教研组为单位,进行各学科的专业教学研究。并且基于教师专业发展的需要,学校注重教师的梯队建设。学校开展"青蓝工程",骨干教师带教职初教师;建立青年教师研习班,如朝阳数学工作室、浪花语文研习班、LIVE 英语青研班等,邀请学科专家驻校指导,带领青年骨干教师进行教学实践研究;挖掘优秀教师并推荐其参加市区教学培训,进一步提升教学能力。于此同时,学校还每年开设教学实践研讨活动,让教师在教学实践中不断提升自己的专业能力(见表 5-3)。

表 5-3　2019—2021 学年教学研究主题

时间	研究主题
2019 学年第一学期	"聚焦核心素养,实践单元教学"青年教师比武
2019 学年第二学期	"线上教学,以育战疫"教学主题研讨
2020 学年第一学期	"聚焦核心素养,实践单元教学"骨干教师教学研讨
2020 学年第二学期	"聚焦核心素养、实践单元教学"青年教师教学实践
2021 学年第一学期	"落实双减　提升教学实效"骨干教师教学展示
2021 学年第二学期	"落实双减　提升教学实效"青年教师教学实践

在系列教学实践研究中,老师们逐渐形成并提炼自己的教学主张。

案例 5-13　蒋丹老师的教学主张——实用数学

陶行知主张"生活即教育",生活决定教育,教育决定生活。在学生成长中,生活和教育密不可分,相辅相成。实用数学,体现的是生活中数学的用处,"实"字把数学思维与生活实际相联系,突出体现学生在学习数学时的联想性,构建数学模型的能力。实用数学旨在教育和生活之间的联系,两者之间的作用和影响都是相互的。在教学中,要使学生接触实际,了解生活,明白生活中充满了数学,数学就在你的身边。

在学生的学习中,教师引导学生发现数学与生活联系的乐趣,通过与学生及时的交流反馈，能点拨学生自我发现数学在生活中的用处。

比如，在《一元一次方程的应用》的学习中，情境引入用"六(5)班男女生人数的关系"，在思考和做题中，学生能够迅速进入状态，并解决问题，实际上本节课的起点状态已经达到预期——解释为什么用方程思想解题。

例如，在《百分比的应用复习》学习时，从古诗"半江瑟瑟半江红"的分数引入，以浦江一中一年一度的踢跳比赛为故事开始，由踢毽子、跳长绳这些每位学生从小接触的运动引入增长率，学生参加踢跳比赛有切实体验，本题能在激发学生兴趣的同时，达到在"乐"中学、在"趣"中学的效果。又如，故事跟随体育委员小徐的脚步继续发生，小徐到达文具店即引出文具的盈利率及有生活气息的双12大促，移步易景，再把问题集中到文具店的店员身上，学生了解到了关于理财的数学知识。通过故事，学生能够从生活中感受到百分数的存在和用处，也能体会到数学核心素养中数学建模和数据分析的重要性。

实用数学旨在教育和生活之间的联系，两者之间的作用和影响都是相互的。在学习过程中，教师各个环节采用不同的方法，目的是让学习内容更容易理解，学生能在自我认知的范围内，对于数学和实际生活之间的联系理解得更加深刻自然。

案例5-14 蒋佳怡老师的教学主张——趣味化学

学习兴趣作为教学中一个至关重要的因素，其对学生学习效果产生的影响越来越显著。学生只有对化学学科感兴趣，被化学的魅力所吸引，认识到学习化学的意义，且有明确的学习目标，才会在化学学习上投入更多的时间和精力，想方设法学好化学，并且会在学习过程中体验到更多乐趣和成功的喜悦。

一、利用化学实验，激发学生的直接兴趣

心理学研究指出，兴趣是从具体的物体和经验中概括出来，并从具体事物和经验的兴趣发展成为对整类物体和经验的兴趣。化学实验以其引人入胜的实验现象和变幻莫测的实验结果，以及学生对化学实验过程的积极参与，能够引发学生对化学学习的直接兴趣。

例如，可将探究中和反应这个实验改成学生实验的模式，这个实验操作简单，在课堂上用时较少，便于实施。实验时，学生用手摸试管外壁有灼热感，很容易推出该反应放热；滴入酚酞后，溶液由无色变红，再由红色变无色，很容易想到反应物氢氧化钠消失。将这个实验设计成学生实验，让学生亲历实验的整个过程，不仅培养了学生的动手操作能力，促进了对知识的理解和掌握，而且进一步激发了学生学习化学的积极性和主动性，从而提高了学习化学的兴趣。

二、创设学习情境，强化学生的认知兴趣

古语云"学起于思，思源于疑"，问题情景的设置推动了知识的获取。我们身边处处都有化学的影子，从生活实例入手来创设问题情境，可以带来认知冲突，填充知识空缺，激发学生的直接认知兴趣，引发其好奇心以提高学习主动性。

例如，《物质的量》一课，我们会首先创设一个情境：怎么知道 1 袋 10 kg 的大米中有多少粒米？米粒很小，一粒粒数肯定不现实，因此我们可以创设一个集合体的概念：先数出 100 粒大米，称出重量，通过计算就不难得出问题的答案了。同样的，怎么知道 18 g 水中有多少水分子呢？水分子比米粒更小，学生通过数米粒的生活情境，自然会想到要创设一个集合体的概念。随着最后问题的解决，学生体会到学以致用的价值，从而产生了学习需求，学习积极性也就相应提升。

三、优化教学语言，培养学生的感官兴趣

苏霍姆林斯基说过："教师的语言修养在极大的程度上决定着学生在课堂上的脑力劳动效率。"教学中化学教师可以采用比喻、拟人、顺口溜、谜语等方式，使深奥的理论形象化，复杂的知识简单化，让学生把听课当作一种享受，让课堂更具生命力。

例如，金属活动性顺序若是死记硬背，难度很大，但是若总结成"嫁给那美女，身体细纤轻，统共一百斤"，朗朗上口容易记忆，还能营造出一种宽松和谐的课堂氛围，引起学生学习的兴趣。这样的例子还有如"负氢体积大"（音同"父亲体积大"）"查装定点收离熄"（音同"茶庄定点收利息"）等。

初中化学对于学生终身化学学习的发展至关重要，"趣味化学"课堂通过各种趣味性的活动，结合不同的教学方法，增强学生对化学知识的学习兴趣，提高学生学习化学的兴趣，促进化学教学的效果提升。

课堂教学是师生共同的活动，当老师在课堂中赋予自己的智慧和热情，就能让课堂充满生命力和幸福感。这或许就是课堂教学的深刻意义之所在。

三、让课程有思想

英国教育家怀特海曾说过："教育只有一种教材，那就是生活的一切方面。"[1]课程的建设应该是全面动态的。而教师是课程价值的实现者，是课程的创生者。课程预设着教师的专业行为，而教师以自己对课程的独特哲学理解改变着课程的架构。只有在课程中融入教师的思想，教师才能有兴趣和有能力发展出自己的有效课程行为。因此我校积极鼓励老师发展课程观。

为此学校成立了课程研究开发小组，成员由校长、教导主任、科研主任、教研组长、课程中心组成员以及校外专家等组成，先后制定了《课程管理制度》《学生选课机制》《课程实施评价》等，从学校顶层设计到落地实施，再到形成精品课程，让

---

① 吴明海.继承与创新[D].北京：北京师范大学，1999.

课程建设更加有章可依,有迹可循。

在课程建设中,学校开展了系列课程理论学习、学科课程研讨活动,不断增加老师对课程的理解,提升课程的认同度,做到全员知晓、全员参与,最终打造形成学校精品课程。各学科教研组长带领学科中心组成员,开展各学科课程系列学习,并且初步形成学科的课程群,如韵味语文、奥妙数学、LIVE 英语、生活物理、实验化学、千象地理、大同道法、奇趣科学、灵动体育、悦动音乐、多彩美术。

案例 5 - 15 "奥妙数学"课程

《孙子算经》认为,数学是天地万物之根本,是"四时之始终,万物之祖宗"。数学极富实用意义的内容,包含了深刻的奥妙,发人深思,使人惊讶。数学作为学生必修学科,能够在提高学生的推理能力、抽象能力、想象能力和创造力等方面发挥举足轻重的作用。

在数学教育教学中,应当达到生动有趣、思维连续和个性发展的效果,因此课程内容的组织要重视过程与结果的关系,重视直观与抽象的关系,尽量呈现层次性和多样性。教学活动应该有目的意义、富有挑战性,引导学生进行观察、实验、猜测、验证、推理与交流,调动学生的积极性,引发学生思考,培养学生良好的数学学习习惯,在数学学习探索的道路上获得可持续发展。

我校"奥妙数学"根据课程标准、数学核心素养、学校学生特点,围绕"数与代数""空间与几何""统计与概率"三个板块构建学校数学课程群。依托"奥妙数学"的课程设计理念,我校在数学常态化课程的教学中,融入"数理文化""数与运算""几何之魅""概率统计""数学与生活"的教学内容,在各年级数学同类型知识具有连续性,夯实学生数学基础理论知识的同时,发散学生数学思想,培养学生数学综合能力。

"奥妙数学"拓展课程则根据学生的认知水平和心理特点,分不同年级创设不同类型的课程,低年级以游戏故事形式激发学生的学习兴趣,如"数学名人史""日历中的数学""模拟银行"等拓展课程,把数学知识具象化,这种互动体验式的课程方式,促进学生的主动学习能力,感受数学服务于生活的思想。高年级的拓展课程以数学思维、深度思考为出发点,如"数独的奥妙""特色综合数学实践""数学建模"等课程,结合探究课、创新实验室等多种方式融入数学元素,呈现剪纸、数学名人故事小品、3D 打印等艺术形式;跨学科的方式,展示了数学的魅力,并拓展了数学与其他学科的广泛联系。

我校的"奥妙数学"课程体系以数学常态课和拓展课"双螺旋式"课程设计模式,包含初中四个年级的数学基础知识和拓展知识,体现了初中数学教育教学的多样化和个性化。

这种课程体系既帮助教师更好地备课和教育教学,也促进学生的学习兴趣和数学自信的产生,"奥妙数学"课程群在我校备受认可。

案例 5 - 16 LIVE 英语课程

活力英语课程(简称 Live 课程)以"让英语学习充满智力与活力"为理念,以打造思辨智趣的活力英语为具体平台,促进英语思辨与运用能力的提升,落实英语学科核心素养的课程要求。L - logic,学生通过主动参与课程活动,提升自己的逻辑思维能力。I - intelligence,学生的高阶思维能力在课程活动中得到培养。V - visionary,学生通过参与课程拓宽眼界。E - energy:学生通过课程学习,彰显活力。

我们针对不同年级设计了不同的 LIVE 英语课堂活动。例如,低年级,设计了旨在提升学生模仿能力的训练。例如,配音 app 或者一些跟读小游戏、角色扮演、故事续编或者剧本创编的活动。八、九年级,在教学中注意使用开放性问题激发学生思考,组织课堂的小规模辩论。我们还设计实施了一套浦江一中"Live 课堂的评价标准",帮助教师们根据评价量表对于课堂进行反思与调整。

除打造 LIVE 英语课堂之外,我校设计并实施了一整套的 LIVE 英语拓展课程。以"提升学生表达能力"与"提升学生思维水平"为两条主线,设计了循序渐进的阶梯式拓展课程。六、七年级,我们主要以"自然拼读""英语配音秀""英语歌曲""西方文化初体验""故事创编"等充满趣味性的课程激发学生的兴趣。八、九年级则更注重学生英语学习拓展与综合能力的提升,设置了"英语演讲""Presentation 小达人"等活动。通过 Live 拓展课程的学习,将课内知识与课外资源相融合,拓宽了学生的英语学习视野,有效提升了学生的英语综合素质。

另外,为提升学生将英语运用于实践活动中的能力,我校还设计了英语活动周以及英语社团活动。学生利用社团活动,进行主题调研,并进行展示分享,学生的英语表达能力和演讲能力都能得到锻炼和提升。

我校的英语 Live 系列课程涵盖了四个年级,从课内延伸至课外,从英语学习能力、学习视野以及实践能力三个方面培养学生的英语综合素质。课程的实施既符合学生的实际学情,激发了学生的学习兴趣,且与课堂教学互为补充,受到了广大师生的欢迎。学生们将在这套课程体系的培养下,不断提升自己的英语学习能力,为自己的终身发展奠定基础。

目前,我校约 82% 的教师能够主动开发和利用校内外各类资源;90% 的教师能够充分关注学生的学习需求、学习水平,在课堂中注重情景设置、学法指导,开展"自我的课程"教学。

在课程建设推进的过程中,我们深刻地感受到,教师的课程意识决定了其课程行为,课程行为也反作用于课程意识。只有把思想和行为结合在一起才能真正提升教师的课程专业水平,从而达到学校课程的整体发展。

第 六 章

学校管理与内涵发展

　　学校管理是联通上下、贯通表里、有机融合的系统。坚持"以人为本"的管理理念,以发展的眼光、创新的思维、灵活的手段,创新学校管理方式,践行"情境式管理""走动式管理""燃梦式管理"多元并轨的管理方式,让教师成为学校管理的亲历者、参与者和推动者,建立凝共识、促发展、求实效、增信心的学校内涵管理模式,是学校内涵发展的必然选择。

学校管理是学校对本校的教育、教学、科研、后勤和师生员工等各项工作进行计划、组织、协调和控制的活动。通过管理,学校把各项工作及其组成要素结合起来,发挥整体功能,实现其对学生的培养目标和各项工作目标,蕴含着学校自身的世界观和价值观,形成了独特的学校管理文化。

要想打造一所教学水平高、校风学风良好、社会满意度高的优质学校,学校必须创新学校管理机制,走内涵式发展之路,让每个教师看到希望并不断向前发展。学校采用"情境式管理"、"走动式管理"和"燃梦式管理"多元并轨的管理方式,从注重教师个人价值和专业价值,重视对结果产生过程的评价等方面,开放管理的权限,建立有效的激励机制和评价机制,肯定教师的日常参与和努力,侧重于教师的未来发展,为教师的自我发展和总结成长提供指导和帮助,从而提高教师参与的积极性,促进教师改进和提高工作质量,追求自我专业的发展。

第一节　情境式管理:在团队中定位个人价值

20 世纪 60 年代,美国行为学家保罗·赫塞与管理学家肯尼斯·布兰查德全面阐述了情境管理理论,概括出四种领导风格,应用于被领导者所处的四种不同情境。保罗·赫塞与肯尼斯·布兰查德认为,只有针对下属的不同发展程度施以不同的领导风格,才能高效达成目标,这种方法称为情境管理。情境管理模式是以被管理者为中心的管理实用技能,它根据情境的不同,通过对于被管理者准备度的判断,使管理者适时调整自己的管理风格,达到实施影响的最佳效果,从而带领员工取得良好的工作绩效,实现团队成长。[①]

我校共拥有教职工 142 人。教职工中还存在着个性能力的差异,如何充分激发教职工的工作热情与工作潜能来促进学校的发展呢?为此我们引进了情境管理模式,并对这一模式进行适当的调整,形成了具有学校特色的情境管理模式。这一管理模式从管理者具备的能力和被管理者的需要出发,主要包含使用多样化工具、正确评估情境、使用正向反馈、建设教师文化四个方面的内容。

一、使用多样化工具,提升管理效率

情境式管理理论提出,领导是为影响个人或团体行为而作出的任何努力,管理是与他人合作或通过他人来实现组织目标的过程。在管理的过程中,为了实现管理效能的最大化,领导者应当采取多样化的管理工具,并且清楚地知道各项管理工具实施的目的与完成度。

案例 6-1 依托钉钉空间,建设智慧校园

在大数据教育时代背景下,学校建设超越传统意义上的管理空间,行政管理工作的聚焦点转移到了全校教职员工工作轨迹、技能、创新和协调交往的全程推进。规范线上教育教学管理的工作要求,注重优化项目化管理的流程,以"行动看

---

① 高福辉. 情境领导理论与领导风格实证分析[J]. 领导科学,2013(11):34—35.

得见成效,过程反馈及时,指导及时到位"的行进中管理原则,打造行之有效的信息化管理空间,实现教育教学工作从整体规划、分工落实、成效反馈、资料收集、评价反馈信息一体化,从而提高工作效率。学校2015年12月自主构架了钉钉空间,随着应用的不断深入和完善,学校"钉"空间具备形象刻画、教育教学管理多向互动、资源存储和分享以及即时性等特征和基本功能。近年来在阿里巴巴华东地区上海技术研究部门的支持下,学校基于钉钉的框架自主研发"自信少年评价"模块,接入了"问向"数据采集分析,完善了"钉"空间的在线教学状态、学习情况、学生个性发展、综合素质评价等方面的数据分析服务功能。

我校的日常管理采用的是以信息技术为主,其他方式为辅的方式。其中对于钉钉这一管理软件充分与熟练的使用大大简化了我校的办公程序,提升了管理效率。除了对于信息技术管理优势的充分发挥外,我校也在充分利用一些传统管理方式直观性、交互性较强的优势,如会议、面谈等,作为钉钉管理的有效补充。

二、正确评估情境,选择合适的管理风格

管理风格是指他人感觉到的管理者的行为模式,包括管理者的工作行为与关系行为。工作行为是指管理者清楚地说明个人或者组织的责任程度,包括告诉被管理者做什么、如何做等细节问题。关系行为是指当管理对象超过一个人的时候,管理者进行双向或者多向沟通的程度。在工作中管理者通常都会同时使用工作行为和关系行为来影响员工。不同水平的两种行为相互组合就会构成不同的管理风格。管理者应当根据对于情境的评估来决定使用哪种管理风格。影响情境评估的重要因素就是被管理者的准备度,包括被管理者的能力与意愿水平两方

面的内容。管理者对于一项工作划分得越细,对被管理者准备度的评估就越准确。①

案例6-2 因人制宜,多元管理

学校在强校工程的建设过程中,以学校的三年规划为指导,根据学校长期以来的办学特色与精神内涵,确定了学校层面的龙头课题:《浦江一中自信教育的学校研究》。课题着眼于学生自信品格的培养与健全。这个课题以全校师生为科研主体,是在教育教学中不断探索、研究与深化的过程。这项龙头课题的推进分解成了若干个子课题,在各教研组、年级组之间协同推进。每一个子课题组设置一名负责老师,协商引领组内教师推动课题的进行。

课题推进过程中部分教师出现了动力不足的情况。经过分析,我们认为一部分教师是由于缺乏能力,还有一部分教师缺乏意愿。针对不同准备度的教师,我们采取不同的管理方式。对于科研能力相对缺乏的老师,我们采取了结对政策,由另一位科研能力较强的教师进行引领与协同,并安排相对简单的数据统计的任务。对于一部分能力足够但意愿缺失的教师,我们采取了点对点的沟通方式,首先充分肯定他们为学校科研作出的贡献,同时对于他们的科研前景进行了鼓励。部分兼具能力与意愿的教师则承担了相对繁重的材料汇总重组以及结论的撰写与归纳任务。对于这部分教师则在公开的场合进行表扬与激励。通过这一方式,学校的龙头课题在各位老师的努力下顺利结题,并在区课题评选中获得佳绩。

学校教职工的准备度参差不齐,面对着接踵而至的各项任务,学校管理坚持

---

① 保罗·赫塞.情境领导者[M].北京:中国财政经济出版社,2002:26—28.

从教职工的准备度出发,对于任务各方面进行详细划分,对于准备度不同的教职工,采取不同的管理风格。例如,对于无能力但有意愿完成任务的教职工,需要向他详细地解释完成任务的各个细节要求,帮助他顺利完成任务。对于既有能力也有意愿完成任务的教职工,那就无需对于他的实际行动进行过度的指导与干涉,只需要给予大量的关系行为来激励他的表现。通过这种方式,能力与意愿水平不同的教职工都能参与其中,为学校的工作作出自己的贡献。

三、使用正向反馈,提升被管理者准备度

被管理者的准备水平是影响情境评估的重要因素,但是被管理者的准备水平与成绩并不是一成不变的。他们的业绩通常反映了管理者对他们的期望,情境管理者通过对于被管理者施加有效的影响能够提升被管理者的工作绩效,当被管理者以高绩效来回应管理的高期望时,就可以形成一种良性的绩效循环,看不到被管理者的潜力且无法向员工提供成长机会的管理者往往会造成低绩效与低期望的恶性循环。[①]

案例 6-3 正向反馈,优化成长路径

小 A 教师是一名大学毕业刚入职的新手教师。作为新班主任的她,在军训期间就遇到了棘手的特殊学生问题,除此之外,作为主科老师的她,还承担了两个班级的教学工作。这更让她压力倍增,甚至萌生了辞掉班主任的念头。学校管理者注意到了新手班主任出现的一些普遍问题,开展了班主任技能系列培训,并安排

---

① 保罗·赫塞.情境领导者[M].北京:中国财政经济出版社,2002:46—48.

一对一结对活动,以老带新。小A在老教师的带领下进行了走访谈心等活动,初步解决了班级特殊学生的问题。这给小A以很大的信心。教育教学方面教研组则提供了资源共享、经验分享等可操作性极强的教学便利,慢慢地,小A在教学上逐渐摸索形成初步的模式,摆脱了新手教师的青涩与慌张。小A在全校质量分析大会上被公开表扬。这极大地增强了小A的信心。她不再对班主任与教学工作充满压力,而是以一种饱满的精神迎接每一天的挑战。

为了有效地提升学校教职工的准备水平,学校从工作行为和关系行为两方面进行保障。在工作行为方面,建立以绩效为导向的考核评价机制,加强基础教育领域业务学习与研究,保证工作到位、责任到人。关系行为方面,在行政人员层面倡导对教职工的正向鼓励和反馈,大力建设自信教师文化。

四、建设教师文化,激发正向管理

学校不仅提倡"让每个学生自信满满地走向未来"的教育理念,而且也着力建设一支高素质的自信教师队伍。一方面建立了以"自己跟自己比"为指导思想的绩效考核机制,另一方面在行政人员方面,我们倡导对于教职工的正向鼓励与反馈。同时在全校教师参与的广泛讨论中,我们形成了浦江一中自信教师标准,即做一名道德高尚、仁爱之心、学识扎实、心态从容、思维辩证、幽默风趣的教师。通过这一系列的制度保障与文化建设,让每一位教师都能够不畏惧暂时的困难,充分发挥自己的潜能,成长为一名自信教师。

学校自信教师标准出炉之后,引发了广大教师的热烈讨论,同时通过投票选举产生了学校首届自信教师。教师节这天,这些自信教师从讲台前站到了舞台上,讲述着自己的教育故事。这些故事里有动人的师生故事,有引人深思的育人历程,有发人深省的教育思考。这些自信教师是学校所有老师的缩影,也是老师们的奋斗方向。

自信人生两百年,会当击水三千里。这句诗不仅镌刻在学校的会议室墙上,而且也铭刻在了学校每一位教师的心中。延展自信文化,让每一位教师自信满满地走向讲台是学校情境式管理的重要一环。自信的教师才能培养出自信的学生,从而实现学校的自信教育。

学校的情境式管理从教师入手,通过制度保障和文化建设,提升教师的准备度,增强教师的教育自信,从而推动学校的整体发展。在情境式管理的保障下,每位教师都能在各自的岗位上充分发挥自己的潜能,自信满满地走向未来。

第二节　走动式管理:让管理发生在身边

走动式管理的精髓是过程管理、问题管理、细节管理和专业服务。2014年以来,随着闵行区人口大量导入,我校办学规模日益扩大,逐渐增加到近四十个班级的规模,学校传统的内部管理的弊端日益凸显。"单打独斗式"自上而下的管理模式不再适用于大规模办学的校园。学校组织结构可随学校教育实践活动的发展而发展,所以学校在教育教学和管理实践中开始对学校的管理模式进行新的探索。从学校中层条线做起,下沉教育教学一线,主动发现问题、解决问题,培养管理人才。走动式管理改变管理团队的原有管理理念和工作方式,将管理中心下移,增加管理幅度,在"走动"中不断实现办学改革。

一、过程管理

过程管理概念的源头是弗雷德里克·温斯洛·泰勒的科学管理理论。他认为,要通过制定科学的作业标准,科学地培训工人,并据此规定和下达任务,用奖惩等激励机制来保证任务的完成,实现工作任务的标准化、规范化、制度化,让管理成为一门科学。[①]

学校采用"走访式管理",开始注重顶层设计,具体将学校的办学理念、课程建设、考核机制从上而下作整体系统设计,形成学校各团队工作的指导方向。

案例6-4 信息化管理融通学校管理全过程

学校校长室按照学年、学期、月、周推行"工作行事历",设计具体工作,并建立信息化管理保障体系"钉钉"。各类工作的预安排帮助各项目管理运作,智能表单、文本在线编辑功能加强了部门间的整体联动、策划与协作能力,每周项目负责人在既定时间进行工作周报、月报等线上工作汇报,汇报内容开放,增强工作推进的可视化、透明化。后台统计数据即时生成,改变传统线下汇报模式,数据成为生产力,省时高效。同时实现相应行政工作协调统筹、过程跟进、及时调整与反馈。

"钉钉"平台的建设为学校教育教学等事务实现同期可视化。实时的进度和反馈可以保证各项工作有序地行驶在相应的轨道上。各个部门按照阶段工作要求及时推进,既规范了学校的制度化硬性要求,也避免了团队管理的随意性。在

---

① 弗雷德里克·温斯洛·泰勒著.黄榛译.科学管理原理[M].北京:北京理工大学出版社,2012:74—76.

这个过程中,各条线职能部门的相应职责也相应改变,中层条线由主抓具体工作向规范、指导、考核等方向转化,各团队负责人承担各自活动的制定、执行、落实等工作。

案例 6-5 过程性绩效评价提升管理科学性

以教学绩效改革为例,学校打破传统的打包式数据评价,采用数据溯源的方式,基于学生个体数据起点,回溯教师的教学过程,实时呈现教师的教学实绩。在这套数据模型中,绩效奖励的发放保障了学生变动的客观因素引起的实效波动,得到教师的认可。同时,学校关注教师个人业绩的同时,更注重团队成绩,教师对团队实绩的贡献值也列入教学质量奖励中,将班级、备课组绩效进行捆绑,突出团队业绩和团队整体绩效奖励。

校长室采用过程性绩效评价体系,实现教师的个性化评价,基于个人的成长发展展开考核,使教师的业务考核有据可查,有情可依,在保障了管理透明度的同时兼顾了教师的诉求,更使教育教学工作形成协力互助的良性竞争。

二、现场管理

传统的金字塔形管理架构中,中层行政部门的权力较大,在上传下达的过程中,容易出现信息传递慢、信息有误甚至下级反馈沟通途径不畅的情况。走动式管理让学校管理变成一种现场管理,通过下沉一线、开放沟通渠道,行政人员在行动中能及时发现问题、减少办事环节、及时获取意见和建议,提高管理的科学性和正确性。走动式管理的推进始终坚持民主平等、依法办学和以人为本的管理理念,强化教职工的文化认同感和职业归属感。每学期的分批教师座谈会、每月一次的行政扩大会议、视导团深入课堂听课、"我上你听"线上教学听评课、校长信箱等"现场办公",将组室长、教代表以及一线教师等非行政组织的力量加入学校日常教学管理中,促进管理透明度和执行力的实现。

案例6-6 "1+1"会议畅通现场管理渠道

学校"1+1"会议的核心是围绕"行政管理"和"聚焦质量"延展出的发生在教育教学过程中的话题、案例而展开现场建言。与会人员为学校各条线负责人,从校长、书记、中层干部到年级组长、教研组长分别邀请的一位同事。在会议过程中,抽签分组的方式让与会人员自由组合开展小组式讨论,同时每组都民主推荐其中一位伙伴担任"小组长",将在汇报环节代表本组组员进行现场定时汇报。从2011年起,"1+1"会议为学校发展提供了百余条合理又富于远见的谏言。例如,双减政策实施以来,如何有效地实施课后分层服务成为最新一次"1+1 会议"现场办公的议题之一。与会人员积极回应,为课后服务工作建言献策。

当问题摆在面前,当集思广益的决策与积极执行的决断衔接联合,越来越多的老师有了管理的意识,通过"真聆听、真融合、真行动",形成了"学校发展"大家一起提出问题、解决问题的风气,从根本上提高了学校管理的统筹协调力与决策能力。

三、细节管理

细节管理强调的是一个系统,强调每个岗位、每位员工都要把自己的事情做好,不找任何借口,想方设法去完成任务。老子曾说:"天下难事必作于易,天下大事必作于细。"①一个个行之有效的细节和关注离不开我们全体教职员工对自己工作的反馈和分析,只有我们认真地剖析,增加我们对工作细节关注的程度,提出合理的改革意见,进行行之有效的优化改进,才能为我们下次的工作积累经验。工作的改进和创新正是源自我们对这些细节管理的深化,只有这样,才能真正做到工作执行过程的自我提高。

案例6-7 抓实教学细节,关注目标落实过程

以教学管理为例,学校教学管理以教导处为核心部门,逐级下沉到教研组长、备课组长、学科教师。近百人,七大教研组,十余门学科的日常管理推进在教导处的统筹下,有序进行。学校教导处在谋划和部署工作时,坚持"从细节谋划入手、在落实措施上用功、向过程督导求效"的细节管理原则,对"要做什么、为什么做、达成什么效果、怎么去做、谁来做、可能的困难或障碍"等细节进行谋划和部署,奠定提升管理效能的基础。

教导处形成《浦江一中自信课堂评价指标》《自信教案评选标准》《自信教研组评选标准》等系列导向性教学管理指南,量化每位教师的工作安排。教研组长、备课组长定期跟进教师的日常教学工作,如学期教学计划的制定、教案的检查、课堂的规范、备课组活动等,做好过程性记录,并第一时间进行反馈。

"细"就是要做细过程管理。案例中,学校教导处依据自己承担的工作任务与

---

① 老子著,赵炜编译. 道德经[M]. 陕西:三秦出版社,2018:136.

管理目标,结合部门的管理职能和责任,精心谋划督导引导措施,用精细的方案、精要的指导意见、精实的督导过程,引领和组织教师群体在达成"共识"和产生"共鸣"的状态下创造性地落实工作细节。

四、问题管理

问题管理,即带着问题去管理,以发现问题为着力点,以解决问题为手段,以预防问题为目标,按照一定的流程,通过一定的模式,对已出现的问题查漏补缺,对可能发生的问题全面预测,防患于未然。也就是说,每一次的问题管理,都是以存在一个实实在在的问题为出发点,并且以解决这个问题为落脚点,是一种以挖掘问题和有效解决问题为核心的管理方法。

案例6-8　如何成功举办一届读书节

以教研组承担的校园学习活动——读书节为例。每年度的读书节主题活动,教研组长要充分承担决策人的角色,面对学生的基本学情,带领各年级备课组长打造年度读书节。年级组长则面对年级组学生做好日常行规管理和思想品行教育、德育活动的开展以及教学质量的管控;教师专业发展团队中形成的学科沙龙则在各自负责人的带领下,按照发展规划开展相关的学科教育教学研究。中层各职能部门则在校长室的统筹下,分管各个条线,协调好各项目的推进,发挥管理和跟进指导优势。

传统的管理构架会出现责任主体模糊。比如,学校教育教学工作的布置出现偏差时,是校长室的指令不清晰,还是中层部门的监管、反馈有误,还是工作执行人员的问题,还是每个环节都有问题? 在走访式管理中,明确"有附着点、虚事实做"的项目化推进模式,由项目负责人直接对校长负责,明确分工与职权。责任明晰,成效自然明显。

这种方法的针对性体现在每一个具体的问题总是对应于本质的原因分析,进而对应于根本的解决方法。这是其他方法所不及之处。问题管理法的趣味性表现在它总是以问题的形式刺激人的思维,把枯燥的工作变成一种趣味性的探索,在层层询问和回答的过程中解决问题。

总之,一个人是工作,一群人是事业。"走访式管理"的核心是开放、透明。行政人员走到教育教学一线,学校公开办学,让一线教师可以看到、听到、知道学校的运行过程,公信力得以提升。同时,经常走到教工中间,把主要精力放在开展调查研究、解决问题、指导工作上,无形中缩短了管理者和教工的距离。当前,学校"走访式管理"依靠项目化推进开展,在不同学科、年级,鼓励更多教师围绕基于实情的目标和任务,采取不同的措施,使各自的管理理念可以在实践中得到检验,经验得到提炼和推广,由此,学校的管理策略得以不断丰富,有思想、有干劲的管理人才容易被发现且得到充分的锻炼,也有利于学校管理人才的储备和后续发展,当团队的目标和团队的利益有机结合,则必定有助于形成"人人愿管、事事能做"的氛围,极大地激励学校教师的生产力,全面促进学校内涵发展。

第三节　燃梦式管理:点燃主动发展的梦想

马修·凯利提出,组织的未来和其员工的未来是密不可分的,两者的命运也是联系在一起的。只有身在组织中的员工竭力打造"更好的自己",组织才能够达到最佳状态。[①] 这对于学校管理内涵发展来说,也是普适的真理。只有学校教师点燃梦想,将每日的工作和自己的梦想联系起来,才能够发掘出自己的潜力,突破缺乏动力、缺乏激情、缺乏创新的困境,充分发挥教师的主观能动性,推动自身教育教学变革,深化学校内涵管理。为此,我们根据学校实际,创新燃梦式管理方式,通过梦想管理点燃每一位教师的梦想,激发教师的内驱力,让每一位教师自信满满地开创事业、实现梦想、走向成功。

一、叩问梦想,形成共同愿景

在教师专业成长过程中,每位教师都会形成自己的个人梦想,对自身的专业发展、学生的成人成才、学校的内涵发展都会产生憧憬和期望,这是教师主动采取行动创造未来的动力源,这也是一个主动梦想的过程。教师的个人梦想与学校的梦想休戚相关,紧密相连。在实践中,我们形成了"自信教育"的教育哲学,凝聚了"教育是滋养自信的活动"的教育观,树立了"每一个孩子都是一颗自信的种子"的学生观,形成了"学校是自信生长的乐园"的学校观,确立了"教师是自信的引路人"的教师观,得到了教师们的一致认同。为了实现"自信自主,成人成才"的理念和目标,教师们立足教育教学实践,通过自信教师梦想卡等形式,不断寻梦、筑梦、逐梦,让梦想丰盈教育理念,形成教育愿景,凝聚教育信念,点燃教育的激情和能量。

---

① 马修·凯利. 梦想管理:员工与企业共赢之道[M]. 北京:机械工业出版社,2009:1.

案例6-9 燃梦,从填写梦想卡开始

"做一位和善而坚定的播种者,在平凡的岗位上书写不平凡的底色。"

"坚持把内心的爱与阳光洒向每一位学生。"

"希望学生通过一门语言去接触更加多元的文化,拓宽对世界的认知。"

"亦余心之所善兮,虽九死其犹未悔。"

"让课堂活起来。"

"努力上好每一节课。"

"教师的最大成就是成就学生。"

"希望我能够给孩子的初中生活带来乐趣与精彩。"

······

以上摘自学校教师的"自信教师梦想卡"。大家梦想虽然不同,却也相同,其本质指向的均是如何成长为一名播撒智慧和爱的优秀教师。

为了发挥梦想的动力作用,学校开展了"自信教师梦想卡"撰写、"自信教师标准"大讨论、"自信美教师"评选、"自信格言"征集等活动,交流分享教师的梦想,凝聚梦想共识,形成共同愿景,为教师们从我做起,成为知行合一的自信教师明确方向。经过热烈讨论,成为一名道德高尚、仁爱之心、学识扎实、心态从容、思维辩证、幽默风趣的教师成为大家的共同梦想。其中,道德高尚指的是真诚地对待他人,为人师表,言行一致,时刻向学生传递正确的价值导向;仁爱之心,意味着对学生关心爱护,能用发展的眼光看待每一个孩子;学识扎实代表着有扎实的知识功底、过硬的教学能力、勤勉的教学态度、科学的教学方法;心态从容是指工作、生活中有积极乐观、从容豁达的心态;思维辩证指的是对教育教学工作的思考方式具有一定的辩证性,会从不同的角度去看待问题,进行综合思考判断,不轻易受外界观点或权威的影响;幽默风趣意味着亲切随和,谈吐优雅,师生关系和谐融洽。

对于学校教师来说，道德高尚、仁爱之心是自信教师不变的精神传承，学识扎实、思维辩证是自信教师的实践基础，心态从容、幽默风趣是自信教师的处世之道。大家正在向着这个方向不断努力，成为"更好的自己"。

二、制定圆梦规划，为梦想实现明确实施路径

在燃梦式管理中，学校逐渐形成了"（做事清单＋做事标准）时间函数×动力指数＝专业成长"的梦想公式，用量化的办法管理时间，助推教师的专业发展。对于一中教师来说，以3年为一个时间周期，制定做事清单，明确做事标准，规划做事时间，激发做事动力，用梦想引领专业发展，用梦想计划提升自身专业发展的速度、高度和广度。由于成长阶段的不同，青年教师的主要目标是如何快速地站稳讲台，寻找并确立自己的梦想，经验型教师的主要目标是如何持续地燃起梦想，提升热情和能量。

在青年教师3年筑梦计划中（见表6-1），"（做事清单＋做事标准）时间函数×动力指数＝专业成长"的梦想公式发挥着重要的作用，帮助他们将成长目标量化为一篇篇学习心得、一节节课、一次次研究、一份份成果，提供了科学的量化工具，明确了青年教师成长的方向，激发了他们的成长动力。

表6-1　青年教师3年筑梦计划

类别	内容	总量
师德修养	1. 每年读一本教师职业生涯或师德修养方面的书，写3篇读书心得。	3篇读书心得
	2. 完成10篇教师职业生活体验随笔。	10篇随笔
教学实践	1. 通读本学段学科课程标准，撰写学科认识专题发言稿，并在教研组内发言。	1篇发言稿

类别	内容	总量
	2. 每学期观摩 15 节课,撰写观课报告,并点评 3 节其他教师的课。	15×6＝90 篇报告 3×6＝18 次点评
	3. 每学期设计一个指定单元教学设计。	3 份
	4. 每学期开设 1 节公开课,3 年内完成片级、区级公开课各 1 节。	6 节公开课
	5. 每学年完成一份测验卷的出题,实测后作质量分析。	3 份试卷与质量分析
	6. 参加 3 次区级及以上由教育主管部门组织的各类教育教学竞赛评比。	3 次比赛
德育实践	1. 担任班主任或副班主任工作,或者社团负责人。	3 年
	2. 每年策划并主持一次主题班会;一次帮干部会议;一次家访;一次班级社会实践活动。	4×1×3＝12 次活动
	3. 每学期与至少 5 位学生进行谈话交流,完成 5 份个案分析。	5×6＝30 份个案分析
教科研发展	1. 每年至少读 2 本教学方面的书,写 2 篇读书笔记。	2×3＝6 篇读书笔记
	2. 写一份个人今后五年专业发展计划。	1 份发展计划
	3. 个人参加由教育主管部门组织的区级论文或课题 2 次。	2 篇论文或课题

　　经验型教师作为学校教师队伍的中坚力量,对于整个教师队伍的建设和发展起着辐射引领作用。量化的梦想公式能够有效缓解经验型教师的职业倦怠,激发其教育教学热情,不断更新他们的知识和能力,为造就一支德才兼备、知行合一、创新引领的经验型教师队伍,进而带动全校教师整体素质的提高,奠定了重要基础(见表6-2)。

表6-2　经验型教师3年逐梦计划

项目	内容	完成情况
本职工作	1. 师德表现、工作量、工作成效等方面。	必做
	2. 完成校级研讨课、校本培训、青年教师带教、教研组建设、年级质量命题、论文发表或指导、课题研究等工作。	必做

项目	内容	完成情况
基础工作	1. 片、集团及以上课堂教学的示范和引领作用。	必做
	2. 研修项目开发与培训质量。	必做
学术科研	1. 区（校）本课程的开发与建设成果。	二选一
	2. 市、区级以上课题、论文、教学评优等成果。	
辐射引领	1. 区级教学质量监控命题或幼儿身心发展水平测评工作与质量。	选做
	2. 参加各种级别教学督导、教学视导的成效。	
	3. 带教"希望之星""闵教论坛"获奖教师及见习教师的成效。	
	4. 对教育教学工作建设作用与贡献。	

三、探索多元管理方式，为梦想实现提供实践平台

　　燃梦式管理在现在与更美好的未来之间搭建起一座梦想桥梁，将教师现在的工作与未来的美好憧憬相关联。在实践中，我们逐渐形成管理者关怀、识别被管理者的梦想、教师主动成为梦想管理者的发展路径，不断激发教师的成长内驱力。

　　管理者关怀、识别被管理者的梦想是点燃每一位教师梦想，形成梦想共识的基础和前提。为了提升关怀效果，学校从学科教学、班主任工作、科研工作、行政管理出发，构建起多维度、多层次、多形式、全方位的教师圆梦平台。浪花语文研修班、朝阳数学工作室、英语 LIVE 青研班、满天星班主任工作坊、智慧科研交流圈，以及每年一度的青年教师学科基本功大赛、骨干教师基本功大赛和班主任基本功大赛等，给予了学校教师专业成长发展的广阔平台，实现了专业引领、同伴互助、自我超越、追求卓越，激发了教师成长的动力。"1＋1"会议、教代会、校长信

箱、座谈会、一对一谈心等方式，保证了组织上下层之间的不断沟通，畅通了教师参与的渠道，为教师建言献策、促进学校内涵发展奠定了重要基石，将教师的被动接受转化为主动梦想，让教师成为学校的梦想管理者。

为提升学校核心团队教师的自我管理能力、高效沟通力与执行力，2018年，学校开展创办知行学院培训班，特邀教育教学专家担任导师，学校师训负责人刘敏老师担任班主任，分享合作型团队管理经验，分析实现愿景的路径与方法，为让教师参与更难、更复杂的中心、核心工作，实现自我挑战做好准备。在培训课程设计上，将主题讲座与体验式课程相结合，围绕"理想信念""职业规划""情绪管理""沟通艺术""高效执行的基本技能"等话题开展讲座学习、案例讨论、跟岗实践等，体验组织管理与领导决策。培训频次为每月一次。培训的起点是教师的主动自愿，培训的过程则是为有意愿成长的教师搭建成长平台，帮助他们从筑梦到圆梦。近两年，已经有3位学员经过培训、考核后加入到行政管理、学科管理的岗位上，在更大的舞台实现自己的梦想。

此外，学校不断建立健全教师职称评定制度，始终坚持公开、公平、公正的原则，在师德修养、工作业绩、教育教学能力、教科研水平等方面提出目标和希望，为教师成长提供公平的机会和平台，鼓励教师树立个人发展愿景。

燃梦式管理模式以学生为圆心，教师为学生提供优质教育和服务，管理者为教师提供优质服务。学校充分尊重、信任、理解教师，放手让他们工作，通过创设广阔的多样平台，积极创造条件支持教师进一步学习提升，满足其不断进取的需要，鼓励教师寻梦、筑梦、追梦。教师逐步成为自己的梦想管理者，主动树立教育梦想，确立奋斗目标，规划自己的职业生涯，在行动中提升素质，锤炼能力，不断趋向梦想的实现，大力推进学校的内涵管理。

总之，学校的发展离不开科学的管理和智慧的实践。情境式管理根据不同的情境,选择不同的管理方式和手段,发挥正向反馈和管理的激励作用,将自信文化贯穿于学校管理全过程,帮助教师获得有针对性的指导和管理,切实增强教师教育自信,促进教师专业发展,提升管理效能。走动式管理将过程管理、现场管理、细节管理和问题管理有机结合,畅通教师参与学校管理的多元渠道,塑造了管理设置上层层分级、管理路径中扁平直接的有效管理模式,增强学校的凝聚力和向心力,营造和谐的校园气氛,提升管理效率。燃梦式管理通过探寻教育梦想、制定圆梦规划、实施多元管理,促进教师确立奋斗目标,追求教学梦想,推动阶梯式教师团队建设,用梦想凝心聚力,用目标引领发展,用奋斗书写成长篇章,提升学校的管理品质,促进学校的内涵发展。

后　记

　　上海市闵行区浦江一中是上海市闵行区一所公办中学,位于美丽的黄浦江畔,至今已经成立 75 年。占地面积 51.2 亩,各类教学场馆设施完备齐全,校园绿树成荫,环境优美。

　　浦江一中由陈行中学、题桥中学、向明中学合并而成,在一段时间内由于各校文化不同,老师们难以融合,并且随着城市化进程的发展,学校所属的区域城乡差异愈发明显,农村学生的不自信也凸显出来。基于此,学校需要形成一种文化共识,让学生、教师、家长、社区围绕在自己周围,共同前进。为此,浦江一中提出了"自信教育"的文化治校新型策略和思路,将构建自信文化体系作为抓手,撬动教育教学的各个环节。

　　"自信"是指来自不同学校的教师对自己在一中有职业发展信心;学生在一中有自我成长的信心;师生对一中有归属感和认同感;家长对学生在一中健康成长有信心。因此,一中在多年教育教学实践的基础上,凝练出了"自信自主,成人成才"的办学理念,并使之成为了学校教育教学的指导思想,贯彻落实在课程改革、教育教学评价等各环节之中。

　　我们将自信文化融入课程体系设计、课堂教学、行规生涯教育、劳动教育等各环节之中;使其成为促进学生德智体美劳全面发展的不竭动力。确立了"自信教育"为学校教育哲学,逐渐明晰并坚定了学校的自信教育教学理念,旨在培养"强体魄、乐生活,有情趣、重行动,会思辨、能创造,有自信、敢担当"的自信满满的人。

　　为实现"自信教育",我校在学校课程顶层设计、课程建设方面进行构建和思考,已基本形成一套符合我校学生发展的课程体系—FLAME课程。FLAME意为"火花"—教师的课程教学智慧火花,学生学习的思维火花。这是以加德纳的多元智能理论为依托,突出学生核心素养的培养,从国家课程和地方课程的校本化实施过程中整合而成的,涵盖Fitness、Logic、Art、Mind、Exploration五大领域的课程,以更适合学校的发展。

为顺利实施"FLAM课程",结合我校实际校情,我们设计了"六字"自信课堂,即"低、小、多、勤、激、赞",意为在课程中"低起点、小步子、多活动、激兴趣、勤反馈、多赞美"。低起点奠定自信的基石,小步子筑建自信的阶梯,多活动营造自信的氛围,激兴趣引发自信的高涨,勤反馈调整自信的步伐,多赞美催化自信的生成。我们研发"六字"自信课堂评价标准,且开展了系列"六字"自信课堂教学实践研究——青年教师教学比赛、骨干教师教学研讨等,由此促进了学校课堂自信文化氛围变得越来越浓厚。

自信只有最终体现在行为上,才能为人所知。我校的行为规范和职业生涯教育两大课程的核心为立德树人,结合"自信自主,成人成才"教育理念,从关注学生成长细节,夯实学生日常行为规范到体验不同职业经历,鼓励学生注重自我设计、追求自我实现、自主思考、为人开明大气、做事勇挑职责。德育层面的自信文化体系构建,使我校的自信课程有了更多实践的内涵,助力学生快速成长。

学校的发展,教师是实施主体,为此学校不断改进和完善管理模式。学校采用情境式管理、走动式管理和燃梦式管理多元并轨的管理方式,从注重教师个人价值和专业价值,重视对结果产生过程的评价等方面,开放管理的权限,建立有效的激励机制和评价机制,侧重于教师的未来发展,培养精神灿烂的教师、有灵魂的教师,成为研究型教师,促进教师改进和提高工作质量,追求自我专业的发展。

本书将从学校历史、学校课程、学校教学、学校德育、教师发展和学校管理六方面回顾和记录我校"自信教育"探索与发展的历程。应该说,它凝聚着我校全体教师的智慧和心血。第一章,汤林、刘敏、张梅撰写;第二章,汤林、李蓉蓉撰写;第三章,汤林、沈磊、李蓉蓉、王浩芝、向巧撰写;第四章,汤林、范冰洁、陈敏、韩涵撰写;第五章,汤林、刘敏、李蓉蓉、李灿撰写;第六章,汤林、刘敏、李艳撰写。特别感谢在本书中提供优秀案例的每一位教师,感谢他们的精心撰写,正是有了他们鲜活的教学案例,本书才更有价值和生命力。

在此,尤其要感谢上海市教育科学研究院杨四耕老师的悉心指导。限于我们的认识和水平,本书仍有不尽如人意之处,恳请广大读者提出宝贵意见,我们继续"自信教育"之旅,成就师生自信人生。

汤 林

2022 年 7 月

"品质课程"阅读书目

学校整体课程规划	978 - 7 - 5760 - 0423 - 6	48.00	2022 年 1 月
学校整体课程规划的七个关键	978 - 7 - 5760 - 0424 - 3	62.00	2021 年 3 月
教学诠释学	978 - 7 - 5760 - 0394 - 9	42.00	2020 年 9 月

📖 特色学校聚焦丛书

让个性自然发荣滋长:"引发教育"的理论寻源与实践探索			
	978 - 7 - 5760 - 2600 - 9	38.00	2022 年 3 月
面向每一个生命的教育	978 - 7 - 5760 - 2623 - 8	44.00	2022 年 8 月
让每一个生命澄澈明亮:"小水滴"课程的旨趣与创意			
	978 - 7 - 5760 - 2601 - 6	54.00	2022 年 8 月
新劳动教育:时代意蕴与实践创新	978 - 7 - 5760 - 3702 - 9	58.00	2023 年 3 月
自信教育与个性生长	978 - 7 - 5760 - 3847 - 7	52.00	2023 年 8 月

📖 跨学科课程丛书

像博士一样探究:PHD 课程的创意与探索	978 - 7 - 5760 - 3213 - 0	52.00	2023 年 2 月

📖 核心素养导向的课堂教学丛书

深度教学的内在维度:数学反思性学习的六个策略			
	978 - 7 - 5760 - 2590 - 3	36.00	2022 年 3 月
具身学习的 18 种实践范式	978 - 7 - 5760 - 2591 - 0	38.00	2022 年 6 月
课堂是照亮彼此的地方	978 - 7 - 5760 - 2621 - 4	46.00	2022 年 7 月
以学习为中心的课堂范型	978 - 7 - 5760 - 2622 - 1	42.00	2022 年 8 月
简练语文:教学主张与实践智慧	978 - 7 - 5760 - 2681 - 8	56.00	2022 年 9 月
课堂核心素养	978 - 7 - 5760 - 3700 - 5	48.00	2023 年 3 月

📖 特色课程建设丛书

幼儿园特色课程的框架与实施	978 - 7 - 5760 - 2598 - 9	48.00	2022 年 3 月

课程是鲜活的："大视野课程"的旨趣与活性　　978 - 7 - 5760 - 2599 - 6　　42.00　　2022 年 7 月

指向核心素养培育的学校课程图谱　　978 - 7 - 5760 - 2624 - 5　　42.00　　2022 年 7 月

让儿童生活在美的世界里：幼儿园全景美育的课程探索

978 - 7 - 5760 - 3552 - 0　　44.00　　2023 年 2 月

核心素养与学习需求:学校课程建设导引　　978 - 7 - 5760 - 3848 - 4　　52.00　　2023 年 6 月

📖 课堂教学新样态丛书

课堂，与美最近的距离:基于学科核心素养的课堂教学变革

978 - 7 - 5675 - 7486 - 1　　38.00　　2022 年 4 月

协同教学:意蕴与智慧　　978 - 7 - 5675 - 8163 - 0　　48.00　　2022 年 4 月

决胜课堂 28 招　　978 - 7 - 5760 - 2625 - 2　　52.00　　2022 年 4 月

一百个孩子，一百个世界:基于差异的教学变革

978 - 7 - 5675 - 6754 - 2　　42.00　　2022 年 11 月

课堂如诗:"雅美课堂"的姿态　　978 - 7 - 5675 - 7219 - 5　　42.00　　2022 年 11 月

在教室里眺望世界:基于 BYOD 的教学方式变革

978 - 7 - 5675 - 8247 - 7　　52.00　　2022 年 11 月

课堂教学的资源设计与方式变革　　978 - 7 - 5760 - 3620 - 6　　52.00　　2023 年 2 月

📖 学校课程变革新取向丛书

平衡性变革:学校课程建设新取向　　978 - 7 - 5760 - 3746 - 3　　52.00　　2023 年 5 月

解构性变革:学校课程发展的突破口　　978 - 7 - 5760 - 3840 - 8　　46.00　　2023 年 6 月

赋权性变革:提升学科领导力　　978 - 7 - 5760 - 3841 - 5　　52.00　　2023 年 6 月

整合性变革:特色学科的内在生长　　978 - 7 - 5760 - 3914 - 6　　48.00　　2023 年 7 月

📖 课程育人新坐标丛书

学校课程的统整之道　　978 - 7 - 5760 - 3845 - 3　　56.00　　2023 年 5 月

教室里的课程　　978 - 7 - 5760 - 3843 - 9　　38.00　　2023 年 6 月

儿童立场的课程探索　　978 - 7 - 5760 - 3844 - 6　　52.00　　2023 年 6 月

童味园课程:这里有最难忘的童年　　978 - 7 - 5760 - 3846 - 0　　56.00　　2023 年 7 月

具身课程:语文学科课程新样态　　978 - 7 - 5760 - 3842 - 2　　44.00　　2023 年 7 月